희망의 얼굴 대한민국!

도미니카 공화국 외교관이 본 대한민국의 기적

Héctor Galván 지음

한 원 덕 옮김

HUFS BOOKS

This work was supported by Hankuk University of Foreign Studies Research Fund of 2010
본 역서는 2010학년도 한국외국어대학교 학술연구비 지원에 의하여 작성됨.

"생이라고 하는 것은, 사람이나 국가나 큰 꿈을 꾸는 것과 같습니다. 꿈이 하나씩 이루어지면 더 큰 꿈을 꾸게 됩니다. 그것이 바로 삶을 흥미롭게 만들어 줍니다. 왜냐하면 늘 새로운 인간의 염원을 만들어 나가는 미완의 과제들이 있기 때문입니다. 어제 저는 저의 아내, 도미니카 공화국 영부인과 Salvador Dali라고 하는 위대한 스페인 화가가 한 말 그리고 그가 어떻게 생을 조망하고 있었는지에 대해 이야기를 나누었습니다. 이 스페인 미술가가 말하기를 다섯 살 때에는 요리사, 여덟 살 때에는 소방수, 열두 살 때에는 경찰, 열다섯 살 때에는 나폴레옹처럼 되기를 원한다고 했습니다. 거기서 꿈은 계속 커져서 더 이상 이룰 수 없는 한계까지 이르게 되었습니다. 저는 대한민국과 도미니카 공화국이 지속적으로 정진해 나가는 것이 중요하다고 생각합니다. 양국은 농업 국가였습니다, 그리고 경공업 국가를 거쳐 첨단 기술 산업 국가를 향해 가고 있습니다. 미래에 우리 두 나라는 하늘이라도 정복하기를 바랄 것입니다. 대한민국이 하늘을 정복할 때 우리 도미니카 공화국과 함께 손을 잡고 이룩하기를 바라마지 않습니다."

2006년 6월 30일 대한민국 서울 소재 대한상공회의소에서
Leonel Fernández 대통령이 행한 연설의 일부

추천사

"도미니카 공화국 주재 한국 대사로써 **Héctor Galván** 동료 대사님께서 우리나라에 대하여 저술하신 이 책을 관심 있게 읽었다. '희망의 얼굴 대한민국'이 출판되고 독자들에게 소개된 것은 지리적으로 떨어져 있음에도 불구하고 양국이 더욱 서로를 이해할 수 있도록 하는 발전적인 중요한 발걸음이라고 생각한다.

Galván 대사님은 대한민국의 문화, 역사 그리고 그간의 발전상을 완벽하고 폭넓게 연구하시고 이해하시는 지한파 외교관이시다.

의심할 여지없이 카리브와 도미니카 공화국의 국민들의 시각에서 볼 때 이 책은 소중한 가치를 지니는 매우 독창적인 명저이다.

강성주 주 도미니카 공화국 대한민국 대사

머리말

영예롭게도 역자는 2006년 6월 29일부터 30일 까지 한국을 방문하신 Leonel Fernández 도미니카 공화국 대통령님의 공식 통역사로서 한국 체류기간 동안 거의 모든 행사에서 그분의 의사소통을 도와드렸다. 물론 가장 중요한 행사는 한-도미니카 공화국 정상회담이었고 이 회담의 내용은 밝힐 수 없지만 앞으로 양국의 관계가 한층 강화되어 갈 것을 확신하는 계기가 되었다. 나는 그 동안 다양한 스페인어권 중남미 국가와 우리나라의 정부 및 민간 교류의 장에 참석하면서 늘 어떻게 하면 양 지역의 이해와 관심이 실현되는 구체적인 부문에 대하여 스페인어 관련 학문을 연구하는 후학들에게 정리된 자료를 제시할 수 있을까라고 자문하였었는데 마침 감사하게도 주한 도미니카 공화국 대사께서 우리나라의 주요기관과 도미니카 공화국의 상대 기관들의 교류를 파악할 수 있도록 도와주는 자신의 저서 『희망의 얼굴 대한민국』의 번역을 요청해 오셔서 난 기쁘게 받아들였다. 이 책에는 한국경제의 발전 모델에 대한 긍정적인 평가와 함께 중미의 선도국가인 도미니카 공화국이 선진국가로 발돋움하기 위해 어떠한 노력을 기울이고 있는지가 선명하게 드러나며 또한 앞으로 해결해야 하는 과제와 이를 위해 필요한 자문을 대한민국 어느 기관에 요청할 수 있는지가 자세히 소개되어 있다. 역설적으로 우리나라 입장에서 보면 현재 도미니카 공화국을 비롯하여 많은 중남미 지역의 개도국들에게 어떠한 지원과 협력을 제공할 수 있는지를 파악할 수 있고, 스페인어 관련 학문을 연구하는 학습자들도 중남미 지역 진출을 위한 준비 과정에서 보다 많은 노력을 집중해야 하는 분야에 대한 전체적인 윤곽을 잡을 수 있을 것으로 기대된다. 또한 스페인어 학습자는 원문과 번역문을 대조하면서 정확한 고급 외교 스페인어를 효율적으로 배울 수 있다고 판단된다. 이 책이 번역 및 출판될 수 있도록 지원해 준 한국외국어대학교 출판부에 감사하며 교정을 도와준 김호연, 서동준 조교에게 고마움을 전하고 싶다.

앞으로 대한민국과 도미니카 공화국의 관계가 한층 가까워지길 기대하면서 머리말을 가름한다.

2010년 5월 3일

한국외국어대학교 교정에서
한원덕

서 문

Juan Temístocles Montás

나의 동료이자 친구인 주한 도미니카 공화국 Héctor Galván 대사님이 쓰신 이 책의 서문을 쓰게 된 것을 영광스럽게 생각합니다. 대사님께서는 이 책의 제목을 희망의 얼굴 대한민국이라 정하시고 한 세대 안에 국민의 사회적 경제적 여건을 획기적으로 변화시키기를 원하는 모든 국가들에게 대한민국이 어떤 의미를 가지는지에 관해 종합적으로 기술하셨습니다. 대한민국은 40년도 지나지 않아 지구상 가장 가난한 농경국가로부터 세계적으로 가장 중요한 산업대국의 하나로 변모하였습니다.

1950년에 한국은 도미니카 공화국보다 가난한 국가였습니다. 당시 이 나라의 개인당 국내총생산은 도미니카 공화국과 비교하여 83%에 불과했습니다. 도미니카 공화국의 일인당 GDP는 1965년까지도 대한민국을 능가하고 있었습니다. 하지만 2006년에 대한민국의 일인당 GDP는 도미니카 공화국 GDP를 거의 네 배나 초과하고 있었고 관련 지표들의 흐름을 보면 어떻게 이 나라가 35년도 안되는 짧은 기간에 이러한 발전을 이룩할 수 있었는지 알 수 있게 됩니다.

무엇이 대한민국의 이러한 혁신적인 변화를 가능하게 했을까요?

첫째로 대한민국의 눈부신 경제발전의 출발점은 바로 정부가 적극적으로 개입하고 가족경영 중심의 재벌이 참여한 수출 기반형 성장모델을 가동하였다는 사실을 지적하고 싶습니다. 1980년대까지 정부의 핵심적인 역할 중의 하나는 효과적으로 은행부문을 관리하여 부족한 금융 재원이 수출 주도형 중화학 공업에 투입될 수 있도록 지원하는 일이었습니다. 특이할만한 점은 이러한 과정에서 정부, 은행 그리고 대기업들이 삼두체제를 형성하여 당시 추진되었던 각종 정책을 뒷받침하는 일이었습니다. 이러한 삼두체제는 KOREA INC.라는 이름으로 널리 알려지게 되었습니다.

두 번째로 지적해야 할 것은 바로 그 어느 것도 우연히 이루어진 것이 아니라는 사실을 알아야 한다는 것입니다. 경제개발계획은 대한민국 변화의 전 과정을 통해서 그 무엇보다 우선적으로 중요한 역할을 담당하였습니다.

1960년대 초반에 시작된 산업화 과정은 경제개발 5개년 계획의 도입을 통해서 진행되어 갔습니다. 정부는 의도적으로 내수시장을 향해 들어오는 수입상품을 대체하기 위한 기존의 전략에 변화를 가져올 수 있는 정책 즉 수출증진에 기반을 두고 세계시장을 지향하는 성장전략을 개발하였습니다. 기본적으로 초기에는 대한민국이 저임금을 이용해서 비교우위를 유지했던 분야의 상품 즉 경공업 제품부터 시작했습니다. 정부는 가계저축을 장려하기 위해서 적정한 이율을 유지하는 등 의미 있는 정책들을 시행해 나갔습니다. 또한 외국인 투자법령이 공포되어 수출진흥을 위한 단기 금융지원이 이루어지기도 했습니다. 수출 프로젝트를 지원하는 환율정책을 취하였으며 고부가가치 수출용 수입원자재의 세율을 인하하였습니다. 또한 더 나아가서 통관절차를 단순화하였습니다.

2단계 산업화 과정은 1970년대에 발생하게 됩니다. 이 시기에 대한민국 정부의 핵심적인 목표는 중화학 공업의 육성이었습니다. 이 새로운 정책이 추구했던 것은 편의재로부터 고부가가치 첨단 제품으로 수출 상품의 구성을 획기적으로 변화시키는 것이었습니다. 또한 교역파트너를 다변화하고 국내농업생산을 증가시킨다는 것이 정부의 의도였습니다. 이러한 신전략은 바로 1971년 Bretton Woods 체제의 붕괴 결과로 빚어진 금융불안 그리고 1973년과 1974년의 석유파동을 극복하기 위한 대한민국의 대응 수단이 되었습니다. 정부가 추진했던 저금리 정책에 힘입어 중화학공업 육성 계획은 매우 인상적인 결과를 낳았으며 이를 통해 대한민국은 신속하게 괄목할만한 전자산업과 비약적인 조선업을 구축하게 되었습니다.

대한민국에게 있어서 1980년대는 경제를 합리화하고 개방하기 위한 계획과 프로그램들이 실시된 시기였습니다. 발전 장비 생산기업과 자동차생산 기업 등 유수한 기업들이 정부에 의해 합병되었습니다. 정부는 디젤 엔진, 대규모 전기 장비 및 전자장비 생산기업의 구조조정을 지시하였으며 조선업도 그 대상에 포함되었습니다. 이 기간 동안 정부의 이러한 조치들은 전 세계 주요 국가들에서 발생한 불황과 제2차 석유파동으로 비롯된 금융위기의 영향을 받았던 기업들의 구제 절차에도 반영되었습니다. 또한 정부는 금융 산업의 진입 장벽을 실질적으로 낮추었고 외국인 직접투자에 대한 기존의 규제를 완화하였습니다.

1990년대에 대한민국은 시장을 개방하고 GATT의 우루과이 라운드에 적극 참여하며 세계무역기구에 가입하게 됩니다. 1996년 대한민국의 효율적인 경제운용은 뚜렷한 결실을 맺게 됩니다. 같은 해 대한민국은 경제개발협력기구 OECD에 가입함으로써 세계 선진 국가 중 하나로 인정을 받게 이르고 1997년과 1998년 아시아 금융위기가 발생했을 때 금융제도, 기업, 노동시장 그리고 공공부문에서 심도 있는 개혁을 실시하여 효율적으로 대처해 나갑니다. 이러한 모든 개혁 조치들 덕분에 한국은 금융위기가 발생한 지 1년 6개월이 지난 후 획기적인 경제회복을 이룩하게 되어 1998년 6.7%의 마이너스 성장에서 1999년 10.9%의 플러스 성장을 기록하였습니다.

1960년부터 2006년까지 한국 경제는 연평균 7.7% 성장했습니다. 이것이 의미하는 것은 9년마다 재화와 용역의 생산이 배가 되었다는 것입니다. 이러한 성장은 다음과 같은 효과를 발생시키는데 기여하였습니다.

- 2006년에 대한민국의 GDP는 구매력 기준으로 세계 12대 경제대국의 규모였다.
- 2005년에 대한민국은 고도의 인적자원 국가로 성장했고 인간개발지수를 기준으로 177개 국 가운데 26위를 차지했다.
- 2008년에 대한민국은 세계의 가장 경쟁력 있는 국가 중 하나로 부상하였다. 세계경제포럼(World Economic Forum)의 글로벌 경쟁력 지수를 기준으로 135개 국가 가운데 13위를 차지했다.

– 2005년에 한국인의 평균수명은 78세로 전형적인 선진 장수국가의 모습을 갖추었다.

한국의 발전상에 대한 연구를 심화해 가면서 우리는 다양한 요인들이 조화롭게 상호작용을 함으로써 발전이 가능하게 되었다는 결론에 이르게 됩니다. 저의 최근 저서에서 지적한 것처럼 공공 행정을 운영함에 있어서 투명성을 보장해 주었던 견고한 공공기관의 구축이 필수적인 역할을 했고, 신뢰할 수 있고 안정적인 법제를 통해서 탈법으로부터 자유로운 효율적인 시장발전이 요구되었습니다. 또한 거시경제를 적절히 운용하고 훌륭한 인프라를 건설하며 초등교육부터 고등교육까지 양질의 교육을 제공하고 효율적인 보건제도를 확보하며 기술발전과 기술개혁 정책을 시행하는 것이 필요했던 것입니다.

이 모든 것은 국가와 시장이 효율적으로 협력한 결과였으며 우리가 한국의 경험으로부터 배워야 할 부분이기도 합니다. 희망의 얼굴 대한민국을 읽으면서 얻은 결론이 바로 그것입니다. 한국의 경험에는 실용주의가 배어 있습니다. 그리고 이는 Galván 대사님이 한국에서 보고 배운 것에 대한 성찰로부터도 잘 나타납니다. 이 책은 바로 대한민국의 변화, 그리고 우리 도미니카 공화국이 비약적인 발전을 이룩하기 위해 필요한 개혁에 관심을 갖는 우리 모두가 배워야하는 내용에 대하여 훌륭하게 써내려간 명저이므로 여러분의 일독을 권하고 싶습니다.

Santo Domingo, R. D.

2008년 10월 25일

C O N T E N T S

차 례

제1장 아시아를 향해

신속한 변화

대한민국은 인상적인 나라입니다.

"1962년에 도미니카의 교회는 당시 3년간의 한국전쟁으로 인해 분단되어 가난과 전쟁의 참화 속에 놓였던 한국을 돕기 위해 자선기금을 모금했었습니다."(2007년 2월 5일자 Listin Diario 신문 사설)

운 좋게도 언론인 Miguel Franjul이 서울에 있는 내 아파트를 방문해서 전해주어 읽을 수 있었던 이 글은 다음과 같이 쓰고 있었다: "10년이 지나서 한국은 가난과 문맹 그리고 침체로부터 벗어나서 오늘날 세계 12위의 경제대국으로 변모하였다."

35년이 지나서 대한민국은 조선 분야 세계 1위, 반도체 3위, 디지털 전자제품 4위, 의류, 철강 및 석유화학 분야 5위 그리고 자동차 분야 6위를 차지하게 되었다.

2007년 11월 두 명의 도미니카 공화국 고위 경찰 간부와 함께 한국의 경찰대학을 방문했을 때 도미니카 공화국이 한국에 10,000 달러를 무상 지원했던 과거를 기억하는 최고위급 공무원 한 분이 우리를 매우 반갑게 맞이했다. 1950년에서 1953년까지 3년 동안 지속되었던 한국전쟁으로 인해 가난과 재앙에 빠졌던 한반도가 도미니카 공화국의 지원을 받은 적이 있었던 것이다.

그때부터 40년이 넘는 세월이 지나서 대한민국은 세계 12위의 경제대국으로 변모하여 일인당 국민소득(국가소득액을 국민 한 사람으로 나눈 평균 수치) 2만 달러를 넘게 된 것이다. 그 시절의 가난은 이제 사라지고 없다.

그러나 도미니카 공화국은 여전히 개발도상국의 위치에서 벗어나지 못하고 있고 일인당 국민소득은 6천 불을 넘어서지 못한다. 가난과 실업이 지속되면서 우리나라는 중남미 평균 수준에서 15%의 변동폭을 보이고 있다. 이러한 현상을 어떻게 설명할 수 있을까? 나의 한국 체류기간 동안 그 답을 얻을 수 있을 것이다.

아시아 여행

모든 것은 Leonel Fernández 박사가 도미니카 공화국 대통령으로서 두 번째 선서를 하게 되었을 때 일어났다.

시간이 흘러 2004년 11월 자정이 다 되어서야 화력발전소의 전력생산 사업에 관한 전력부문 회의가 종료되었는데 그 회의에서는 어떻게 도미니카 공화국의 전력시스템을 효율화할 것인지가 다루어졌었다. 그 즈음 난 상원의 외교위원회가 나의 대사직 임명을 안건으로 다루고 승인하였다는 것을 통보받았다.

인터뷰를 맡았던 위원회 소속 위원들이 말하기를 위원회가 받았던 프리젠테이션 자료 중 내가 준비한 것이 최고였다고 했다. 문서로 작성된 그 자료는 서울의 공관장이 될 경우 어떤 활동을 할 것인가에 대한 계획을 포함하고 있었다.

나와 우리 일단의 동료들은 도미니카 공화국에 전력 사업을 도입한 투자자를 대통령께 소개드릴 기회를 갖게 되었고 Leonel Fernández 대통령은 매우 만족스러워 하였다. 참석자들은 모두가 주의 깊게 내 말을 들었다. 그리고 그것은 우리나라가 대외 서비스 부문에서도 발전하고 있다는 것을 보여주는 실례가 되었다고 강조했다. 그리고 말레이시아 투자자와 전력 부문 공무원들과 함께 찍은 사진은 내 말을 뒷받침하는 증거가 되었다.

나의 첫 리셉션

내가 처음으로 참석한 행사는 공식행사가 아니었다. 주한 중남미 외교단 모임이라고 부르는 곳에서 Félix Pérez Espinosa 파나마 대사님과 부인 Marisela 여사를 송별하기 위해 중남미 지역 외교관들을 초청한 자리에 참석한 것이다.

대사들은 각국 정부의 변화에 따라 빈번하게 교체된다. 그리고 파나마에서 새로운 정권이 임기를 시작하게 되었던 것이다.

파나마 대사께서 처음 왔을 땐 모두가 “한국에서의 임기는 오래 가지 않을 것이다, 지겨울 것이고, 말, 음식, 문화 등 여러 문제들을 견뎌내지 못할 것이다”라고 했지만 5년의 임기가 끝나갈 때는 그런 뜻과 예상은 빗나갔으며 거꾸로 변해가고 있었고 임기를 기쁘고 열정적으로 그리고 계속 남아서 활동을 하고 싶은 마음을 가진 상태로 마무리하게 되었다고 하셨다.

파나마 대사께서 이임하는 섭섭함을 감추지 못하며 말하는 사이사이로 나는 아름다운 건물의 배경이 되어 주던 서울의 빛을 보았다. 하지만 아주 인상 깊었던 것은 그곳 아래층 쪽에서 자연스럽고 우아하게 스케이트를 타던 사람들을 보았던 장면이었고 운 좋게도 그때 난 단꿈, 환상 등 영화에서나 볼 수 있을 만한 장면을 목격할 수 있었다.

파나마 대사는 준비된 연단에 서서 그리운 옛 이야기와 에피소드를 소개하고 있었지만 깁스한 팔을 감추진 못했다. 서울에서 자전거를 타다 길에서 넘어져 팔이 골절되었다고 했다. 다른 모든 대사들이 테이블을 중심으로 안내문이 지시하는 대로 앉았고 나는 처음으로 내 이름이 쓰인 좌석이름표를 보게 되었는데 Your Excellency라고 쓴 직함을 보며 감개무량함을 느끼게 되었다.

반기문 외교장관과의 만남

파견국에서 대사의 직무는 재임하게 되는 국가의 외교장관에게 신임장을 제정하는 시점부터 공식적인 성격을 갖는다. 서울에 도착한 지 며칠 지나서 당시의 반기문 외교장관을 만나게 되었고 이로써 나는 한국에 공식 부임하게 된 것이다.

그날 아침 반기문 장관은 완벽한 스페인어로 인사를 전하면서 수준 높은 외교관의 자질을 보여주었다. 다른 자리에서

만났을 때에도 스페인어 인사말은 변하지 않았다.

반 장관을 만난 자리에서 노무현 대통령이 2006년 실시하게 될 중미 방문과 도미니카 공화국 대통령과의 정상회담 개최 가능성에 관해 환담을 나누었다. 그는 우리 도미니카 공화국 주재 대사관 및 대사와 회담 실현을 위해 접촉을 가질 것이라고 언급했다.

나는 반 장관에게 신임장 사본을 제출했고 원본은 차후 대한민국 대통령에게 직접 드릴 예정이었다. 그는 감사하다는 뜻을 제스처로 전해왔다.

나에게 주어진 10분간의 면담시간을 통해 그간 내가 진행해 왔던 구상을 설명하고 영어로 작성된 문서로도 제출했다. 짧은 시간을 통해 검토를 한 후 반 장관은 나의 아이디어에 대해 매우 긍정적인 평가를 내렸다.

나는 그 자리에서 "도미니카 공화국 대통령 Leonel Fernández 박사께서는 젊으신 대통령이시다. 첨단 기술 산업을 유치하고 미국과 중남미 지역에 도미니카 공화국 제품을 수출할 수 있도록 하는 기술개발에 관심을 갖고 계시다"라고 말씀드렸다.

나는 우리 도미니카 공화국을 위해서 한국의 도움을 받는 것이 얼마나 중요한 지를 반 장관에게 설명하였다. 한국은 이 부문에 이미 선진 경험을 확보하고 있고 우리나라에 진출할 수 있는 기업들을 파악하고 한국 정부와 여러 기관들과의 협정을 통해 기술을 제공할 수 있다.

따뜻한 차를 함께 나누며 한국이 앞서가고 있는 해양산업 개발에 대한 도미니카 공화국의 관심에 대해서 신속하게 이야기했다. 우리나라는 한국의 잠재력을 실현시키는데 적절한 여건을 갖추고 있고 특히 관광부문을 통해 대량의 해산물이 소비되고 있다는 사실과 수산업을 육성할 경우 중국 또는 페루로부터 수입을 하지 않고 카리브 지역에 우리나라의 해산물을 공급할 수 있는 사실을 전했다.

또한 나는 우리 당국의 전자정부에 대한 관심을 설명하였다. 이 부문에서도 한국인들은 괄목할만한 발전을 이룩했다.

끝으로 도미니카 공화국 대통령은 한국 국민들과의 관계를 긴밀히 하려는 강력한 의지를 갖고 있다는 것과 가까운 장래에 한국을 방문하고 싶은 뜻이 있다는 사실을 말했다.

반기문 장관은 배석하고 있던 외교통상부 중미과 과장과 직원에게 모든 지원을 아끼지 말 것을 요청했고 도미니카 공화국의 제안에 관련된 해당 정부 부처와 실무 기관들을 설명해 주었다.

풍부한 경험을 지닌 한국의 외교관으로 그는 우리의 방문을 환영해 주었고 반 장관과 작별인사를 한 후 외교부 공무원이 엘리베이터까지 안내해 주어 종합청사 아래로 내려가 삼색국기가 게양된 우리 대사관 차량에 올랐다.

나를 다시 공관으로 태우고 가던 대사관 관용차량 안에서 대한민국 외교통상부에 걸린 우리나라 국기를 보았던 그날 나는 그 어느 때보다 도미니카공화국 국민으로서의 긍지를 강하게 느낄 수 있었다.

다시 그를 만난 건 4년이 지난 2008년 7월 4일이었다. 난 미국의 독립기념일을 맞아 미 대사관 리셉션에서 나오는 길이었고 그때 그는 이미 세계의 평화, 경제, 기후, 정치, 사회 부문을 관리하는 기구의 수장이라는 새로운 신분으로 우리에게 다가왔다. 아마도 세계 어느 자리보다도 중요한 자리가 아닌가 생각된다. 뉴욕에서 업무를 보며 1년 반을 머무르다 아시아 공식 순방 기간 중 처음으로 조국을 찾은 것이라고 했다.

그날 행사에서 반기문 사무총장은 누가 오늘날 세계의 도전과제들을 관리하고 이끌어 갈 수 있을까라고 자문했다. 그 행사는 대한민국 유엔 협회가 주관한 행사였다.

그는 조용했고 여유 있어 보였으며 한국에 대사 임명을 받고 신임장을 제출하기 위해 만났던 2004년 그 추운 겨울보다 좀더 성숙해진 혹은 책임감 있어 보이는 모습이었다.

하지만 반 총장 본래의 모습은 변하지 않았다. 서울의 외교단과 함께 북한을 방문하고 의견을 나누었던 겸손하고 소박하며 다정다감한 그때 그 모습이었다.

그때 최고위급 외교관은 말하기를 세계의 도전과제들을 수행할 수 있는 능력과 기술은 있으나 정치적인 책임이 부족하다고 하였다. 의지와 정치적 결단의 측면을 말한 것이었다.

그는 이 문제를 중국과 일본 정상들에게도 제기하였다고 말했고 남한에게는 대외원조를 확대해 줄 것과 세계평화와 공영에 더욱 기여해 줄 것을 주문했다고 했다.

반 총장의 말에 따르면 대한민국은 국제사회에서 자신의 역할을 더욱 증가시킬 수 있는 잠재력과 의무를 지니고 있으면서도 국내문제에 주로 관심을 기울여왔고 이런 생각을 기후변화와 새천년 개발목표라는 제목의 의원포럼 연설을 통해 개진했다.

그래서 나는 인사를 나누며 7월 4일의 대화내용에 관해 잠깐 언급한 후 항시 반기문 사무총장님의 활동을 관심 있게 지켜보고 있으며 개인 자격으로나마 앞으로도 훌륭하게 직무를 수행해 달라는 바램을 마음 속 깊은 곳으로부터 표현했다. 시간은 흘러갔고 반 총장은 세계의 중요한 문제들에 대한 우려감을 표출하며 국제연합 수장으로서의 면모를 유감없이 보여주었다.

노무현과 Leonel

서울에 도착한 후에 가장 흥미로웠던 순간은 2004년 12월 27일 대한민국 노무현 대통령에게 신임장을 제정했을 때였다. 내가 살펴본 바에 따르면 노무현 대통령은 우리 도미니카 공화국 대통령과 일치하는 점과 유사한 점들을 갖고 있다는 사실을 발견하게 되었다. 노 대통령은 독학으로 사법고시에 합격하여 변호사와 인권운동가로 활동했다. 그리고 Leonel 대통령도 우수한 성적으로 법대를 졸업하여 변호사가 되었고 경제적 능력이 없는 사람들의 법률자문을 받을 수 있는 권리를 보호해 주었다.

노무현 대통령이 1980년대 좌익 사상을 따르며 반정부 활동을 벌이고 체포되어 법정에 섰던 학생들의 법적인 권리를 보호하는데 열정을 보였다면 Leonel 대통령도 과거 정권 시절 이데올로기 또는 정치적 입장으로 인해 부당한 혐의를 받았던 수많은 도미니카 공화국의 청년들을 변호하기 위해 법정에 섰다. 노 대통령이 당시 군사 정권과 전제주의 체제에 반하여 투쟁하며 표현의 자유를 보호했다면 Leonel 대통령은 도미니카 공화국 국민과 언론을 적대시했던 탄압적인 정책에 반하여 싸웠다.

한국의 대통령이 남한을 동북아시아의 경제 축으로 변모시키고 과학기술 기반 사회의 건설을 위해 힘썼다면 도미니카 공화국 대통령은 사이버 공원(Parque Cibernético)과 아메리카 연구원(Institutio Tecnológico de las Américas)에 대한 지원을 아끼지 않음으로써 도미니카 공화국을 카리브 지역의 관문으로 발전시키고 도미니카 공화국의 미국 시장 수출이 용이하도록 지원하였다.

노무현 대통령이 지방분권과 지역균형발전 추진에 관심을 기울였다면 Leonel 대통령은 국가 산하 부처 및 기관들의 지방분권을 지원하고 있다.

2008년 초에 이명박 대통령이 취임했는데 현 대통령의 지도력과 국정운영에 대하여는 본 저서의 지면 관계상 깊이 언급하지 않겠다.

리더십과 한국인의 성격

대한민국의 발전은 상당 부분 정보 통신 기술 분야를 기반으로 이루어졌고 이 부문은 한국 GDP와 수출의 중요한 부분을 차지한다.

2007년 12월 한국의 대통령 선거 몇 주 전에 정보통신부 장관과 오찬을 가졌다.

나는 과학 기술분야에서 한국이 성공을 거둘 수 있었던 요인에 대하여 질문을 했고 그는 세 가지 개념을 중심으로 설명을 이어갔다.

첫째 정치적 리더십

둘째 한국인의 성격

셋째 공공부문과 민간부문의 협력

그의 판단에 의하면 이 세 가지 요소가 한국의 정보통신 산업의 역동성을 말해 준다. 하지만 이 요소들은 또한 한국의 발전을 종합적으로 이해하는데 필요한 기본요소가 되기도 한다.

대화를 나누면서 한국인들이 '급한' 성격의 소유자들이라고 평했다. 나는 바로 그러한 한국인의 특성이 이 나라의 급속한 발전을 설명해주는 기본적인 자료가 된다고 생각한다.

"한국인은 무슨 일이든 기다리는 것도 천천히 하는 것도 좋아하지 않습니다. 뭐든지 빨리 하는 걸 좋아하지요. 그래서 한국에서는 '빨리 빨리'라는 표현이 아주 일반화되지 않았나 생각 됩니다"

한국에서는 대개 일을 내일로 미루는 법이 없다. 무엇이든 즉시 해결해야 직성이 풀린다. 그래서 인터넷 사용과 공공 및 민간 서비스와 상거래의 접근성을 높이는 첨단의 전자매체를 확보해야 할 필요성이 존재한다. 민간부문과 공공부문의 협력 측면에서 양 부문 간의 긴밀한 협조가 이루어지고 있다는 사실은 분명하다. 심지어 한국의 대통령 또는 고위 공무원들조차 주요 기업의 임원 또는 직원으로 일한 경험을 갖고 있다.

리더십과 발전유형

경제성장 또는 활성화를 가능하게 하는 국가의 선도적인 역할이라는 측면에서 굳이 '정치적'이라는 표현을 사용하지 않는다면 리더십은 공공부문의 주도적인 역할로 이해되곤 한다.

이것은 한국의 국제사회 진출 그리고 공격적인 수출 드라이브 정책 개발과 관련이 있다.

다시 말해서 1960년대 중남미에서 출현했던 개발주의(desarrollismo)를 뛰어넘는 개념이 실현된 것이다. 역동적인 주체로서의 국가 기능과 개입은 대한민국 발전의 궤적을 따라오며 가장 중요한 역할을 담당했다. 차후에 이 개념에 관해서 다시 다루도록 하겠다.

1961년부터 1979년까지 지속되었던 박정희 장군의 독재정권은 재벌이라고 불리는 산업 및 금융 기업군의 육성을 통해 국가가 보호하는 부르주와를 탄생시켰다. 전 세계적으로 이름을 떨친 삼성, 현대, 대우, 기아 등의 대기업들은 국가 주도 금융정책의 수혜기업들이었다.

독일 베를린 개발연구원(Instituto Alemán de Desarrollo de Berlín)의 Dirk Messner 연구원은 "세계 경제에 편입된 동아시아 국가들과 경쟁력을 갖춘 이 국가들의 산업구조는 자유 기업경제 개발에 기초해서 구축된 것이 아니라 국가주도 자본주의 모델에 토대를 두고 있었다"라고 말했다.

"신자유주의 경제학자들 또는 구조주의와 국가주의자들의 이분법적인 시각을 넘어선다"고 하면서 개발과정에서의 한국 정부 역할의 의미를 새롭게 해석한 Messener의 관점은 흥미롭다.

인터넷 사전 Wikipedia는 자유주의와 신고전주의의 합성어인 신자유주의라는 용어를 하나의 신조어로 정의했다. 이 단어는 국가주도의 경제정책 즉, 사회 또는 경제 부문에서 국가의 지나친 간섭을 비생산적으로 간주하며 시장의 기능에 결정적인 오류가 발생하는 경우를 제외하고 자유로운 자본주의 시장을 국가의 제도적 균형과 경제 성장을 담보해 주는 최선의 보장수단으로 지켜나가는 경제 정책을 말한다.

간단히 말해서 신자유주의자들은 대통령 또는 정부는 국가경제를 비롯한 어떤 일에도 관여할 수 없거나 또는 기업이 하는 일에 대하여 어떤 결정도 내리지 않아야 한다는 인식을 갖고 있다. 그들은 구매자, 소비자, 생산자 또는 기업인(자유시장)들이 합의를 이루어(균형) 국가의 성장을 이끌어낸다(일정한 수익 또는 상응하는 결과)는 확고한 신념을 갖고 있다.

한국의 발전 유형은 신자유주의 모델이 아니다.

그렇다고 후진국들이 독자적인 발전 여건을 달성하기 위해 산업화 드라이브 경제정책을 갖춘 적극적인 국가가 필요하다고 주장하는 개발주의(Desarrollismo)가 한국의 발전 모델이었다고도 말할 수 없다.

개발주의는 Wikipedia 백과사전에 정의된 것처럼 구조주의라고도 알려져 있는데 개발과 관련해서 중남미에서 유래된 경제이론이며 산업중심-농업주변 형태의 구도를 갖는 국제 교역 조건의 악화는 선진국과 후진국의 격차를 더욱 확대하고 저개발을 재생산하게 된다고 주장하는 이론이다.

이 이론의 주 내용은 무엇일까?

첫째 중남미 국가들의 현실에 대하여 사회경제학적인 해석을 내린 것으로 보인다.

필자가 사회학을 공부할 때 현재 국무총리이자 Leonel Fernandez 대통령의 집권 여당을 이끌고 계시는 어느 교수님이 강의하신 『저개발의 사회학』이란 수업을 들었다. 당시 나는 그리 동의하지 않았던 개념 즉, 종속이론의 전통적인 이론가들에 관해 공부하고 있었다. 나는 저개발의 이유로서 지도계층의 역할 부재를 지적했던 Bosch의 이론을 추종했고, 그 교수님은 Bosch의 이론을 비판했다.

종속이론-언급한 인터넷 사전의 정의에 따르면- 1950년대와 1970년대 사이 20세기 중남미 사회 경제적 정체 상황에 대해 사회학자들(주로 아르헨티나, 브라질 및 칠레 학자들)이 정립한 이론적인 대안이었다.

종속이론은 중심과 주변이라는 양대 축을 이용해서 세계경제는 저개발 국가들에게 불평등하고 불리한 구도를 갖고 있어 이들 국가들은 저 부가가치의 원자재 생산이라는 주변적인 역할을 부여받는 동안 고부가가치 산업생산의 역할을 맡은 중심 국가들이 핵심결정을 내린다고 주장한다.

아르헨티나의 Raúl Prebisch이 바로 1940년대 중심과 주변이라는 사상으로 중남미의 지성들에게 토론의 불을 지피도록 한 사람이다. 다시 말해서 주변적 현대화를 설명하는 이론이었다. 토론의 주요무대는 당시 중남미 최고 지성인들이 참석한 가운데 칠레 산띠아고에서 개최된 유엔 중남미 경제위원회 (CEPAL)이었다.

차후에 Fernando Henrique Cardoso, Theotonio Dos Santos,

André Gunder Frank, Celso Furtado, Ruy Mauro Marini, Enzo Faletto 등의 지식인들이 종속이론에 크게 기여했다.

이 이론은 아르헨티나, 멕시코, 브라질, 칠레를 포함하는 미주 대륙 선진국가의 국가 전략에 기초했는데(수입대체를 위한 산업화 또는 ISI), 이 이론에 따라서 앞서 언급한 국가들은 내수 시장을 활성화하고 수입상품에 고관세를 적용하며 수입 시장의 문을 닫아걸었다.

내수시장의 역동성을 부양하기 위한 목적으로 중산층 확대를 용이하게 하기 위해 지도계급과 호흡을 맞출 수 있는 관료정치를 키워야 한다는 이론이었다.

1960년대 초부터 시작된 대한민국 발전 전략의 핵심은 -Messner가 주장하듯- 경공업에서 중공업 그리고 전자산업으로의 방향성을 갖는 역동적 산업화 단계를 거치면서 국제적으로 경쟁력을 갖는 산업기반을 점진적으로 발전시켜 나가는데 있었다.

이러한 맥락에서 5개년 산업화 추진 과정의 핵심요소가 설정되었고 각 추진 과정에 맞는 국가 정책이 수립되었으며 상응하는 재원이 집중 투자되었다.

1960년대의 대한민국

1960년대 한국은 7%의 경제성장 목표를 세웠다. 이를 위해 수입대체전략을 시행했고 긍정적인 효과를 보았다.(참조: 1960년대 한국의 발전상에 대한 자세한 연구는 『한국의 개발전략, 개발정책과 성과: 시대사적 묘사』(Korea Development

Strategy, Development Policy, and Performance: a Historical Overview, Kyeong Hee University, March 2007, in Chuk Kyo Kim, Korea's Development Policy Experience and Implications for Developing Countries, Korea Institute for International Economic Policy(KIEP), 2008)

당시 대한민국은 일본에 비해 20~30년 뒤져있었다. 그래서 일본인들이 사용했던 방법과 모델을 벤치마킹하는 정도의 정책을 취하는 수준에 머물러 있었다.

빈곤의 수준이 심각했고 국토가 황폐하였으므로 기본적으로 농업부문의 발전이 최우선 과제였다.

산업의 발전은 그 다음이었다.

수출 확대 전략에 우선순위가 매겨졌으며 이를 위해 강력한 재정지원, 세제지원, 인재양성을 위한 전문교육과정을 통한 노동인력의 훈련과 같은 정책이 이어졌다.

박정희 대통령은 직접 수출대책 회의를 매달 주재하여(Monthly Export Promotion Meeting) 전문가, 기업총수 고위관료들을 만났다. 그 회의에서 효율적으로 수출을 신장하는데 방해가 되는 애로사항과 문제점들을 파악하였고 방안을 모색하였다.

수출전략의 중요성에 대해 국민을 교육하기 위하여 '수출입국'('Nation Building by Exports')이라는 구호의 캠페인을 전개했다.

제2장 개발계획과 관광

특별히 전반적인 중남미 지역, 그리고 도미니카 공화국에서의 상황과 비교하면서 한국의 성공적인 발전 과정에 대하여 고찰할 때에는 리더십과 발전모델 이외에도 또 하나의 중요한 측면을 주목해야 한다.

개발계획은 한국이 달성한 공공부문의 효율성과 운용의 기초적인 요소이다.

한국의 발전과정은 목표 달성 수준을 정해 정기적으로 평가하고 검토하는 5개년 계획에 기초를 두었다. 그리고 이 계획은 1962년 시작되어 최근까지 추진되어 왔다.

국가 원수인 박정희 대통령은 사회 일각에서 전제주의적인 계획이라고 부른 산업화 정책을 시행하였다.

1962년의 5개년 개발계획의 목표는 수출용 제품 생산 인센티브 제도를 통한 수입대체 효과 달성이었고 궁극적으로 한국을 자급자족할 수 있는 나라로 만드는 것이었다.

국가는 금융부문을 완전히 통제하여 수출드라이브 정책을

지원했다. 단지 국내에서 생산할 수 없는 제품에 대해서만 수입을 허용했다. 그리고 철강과 장비재 즉, 기계류, 장비, 조립라인 및 터빈 등을 생산하는 중공업의 발전이 시작되었다.

일부 저자들은 5개년 개발계획 주무 기관은 재벌과 대기업들이 선택했던 모든 발전 수단들을 강력하게 지도했다고 단언한다. 의심할 여지없이 그러한 계획문화는 아직도 다양한 한국정부 기관에서 유지되고 있는데 구체적인 예로써 관광부문을 들 수 있겠다.

서울에서의 관광

문화관광의 목적은 단순히 관광객을 즐겁게 하는 것뿐만 아니라 경제를 활성화시키고 관광 부문에 관련된 국민들의 소득을 증대시킨다. 무엇보다 관광은 어떻게 국민의 삶을 개선시킬 수 있을 것인가라는 문제와 결부된다.

> "서울은 향후 10년 동안 편의시설과 문화센터 확충에 7조 6천억 원을 투입할 것이다"

앞으로 문화는 중요한 경제 성장 동력이 될 것이다. 서울시는 문화가 도시의 발전을 가능하게 하는 핵심요소로 인식하고 한국의 수도를 더욱 경쟁력 있는 도시로 변모시키기 위해 최선을 다하고 있다.

서울시는 2015년까지 박물관, 아트센터, 도서관 등을 포함하는 문화센터를 현재의 두 배로 확충하는 목표를 세워 두고 있다. 예를 들어 필자는 빙산과 부딪혀 침몰하면서 많은 사람들이 목숨을 잃었던 배의 이름을 따서 타이타닉이라고 제목을 붙인 행사에 참석하게 되었다. 나는 그 배가 침몰하는 내용의 뮤지컬 작품을 보겠구나라고 기대했었다. 그러나 내 예상은 빗나갔다. 내가 갔던 곳은 전시관이었고 거기서는 상류사회 사람들이 사용하리라고 생각되었던 솥, 숟가락, 포크, 선실, 침대, 심지어 개인용 변기도 전시되고 있었다.

그리고 선실 가운데 하나는 참가자들이 그 엄청난 사건이 일어났던 밤에 그곳을 항해하고 있는 느낌을 주도록 장식이 되어 있었다.

통로의 작은 전구들은 부드러운 느낌을 주었고 당시의 깜깜한 하늘을 밝게 비추던 별들과 잘 어울렸다. 그리고 내부는 칠흑같이 어두웠는데 마치 당시의 분위기를 재연하는 신비로운 영화 속에 내가 있는 느낌을 주었다.

하지만 그러한 느낌을 경험하기 위해 나는 13달러의 값을 치러야 했다. 그리고 어린 아이들을 위해 그려진 알기 쉬운 삽화와 함께 한국어로만 모든 전시의 종합적인 설명을 하는 전시관도 있었다. 다 보고 나서 이 전시물을 보는데 얼마나 돈을 써야 하는가? 또 입구 혹은 출구에서 커피나 음료수를 사서 마시는데 사람들이 얼마나 지출했을까를 생각해 보았다.

Santo Domingo에서의 관광

도미니카 공화국과 수도인 Santo Domingo에는 서울과 다르게 매우 다양한 문화 유적지가 있지만 제대로 개발되지 않은 상태이다.

두 개의 공공기관이 문화와 자연 유산들을 제도권 관광시장의 새로운 수입원이 될 수 있도록 하는 전략적 관광 계획을 제출했다. 그 기관들은 각각 관광부(Secretaría de Eatado de Turismo)와 국가 경쟁력 이사회(Consejo Nacional de Competitividad)이다. (http:www3.diariolibre.com-noticias det.php?id=12891 18 de abril del 2008 참조).

Santo Domingo의 문화정책 발전도 강조하고 싶다: 이미 자리를 잡은 국제 책 박람회, 그리고 2008년 4월에서 5월 도서관 전시회 기간 동안 학생과 일반인들 수백만 명을 실어 나르기 위해 지하철이 개통된 것이다.

정부 차원의 노력을 예로 들면 문화부 내에 문화관광총국(Dirección de Turismo Cultural)을 개설하여 문화부와 관광총국이 문화 관광 증진을 모색하기 위한 협정을 서명한 사실을 들 수 있다.(www.cronicadigital.com.do 27 de abril del 2008)

하지만 아직도 도미니카 공화국 내의 개발계획과 문화관광 부문의 과제가 산적해 있다.

Javier Noguera, 환경언론 전문 기고자는 예를 들어 'Padre Nuevo 지역의 환경 고고 문화 루트'와 'La Punta지역의 문화 루트'를 해당 지역 문화관광 증진을 위한 주요 소재로 활용할 것을 강조했다.

도미니카 공화국의 문화정책은 이러한 목적을 달성하기 위해 구상된 발전계획의 범주 안에 한 차원 높은 국가적, 그리고 국제적 반향을 이끌어 내기 위한 아젠다를 포함하고 있다.

Puerto Plata에서의 교육 관광

2008년 8월 21일 Puerto Plata의 관광 및 호텔 업계 관계자와 한국 기업인들 간의 간담회에서는 해외에서 도미니카 공화국의 관광 홍보를 위해 태양과 해변 이외에 다른 요소에 초점을 맞추어야 할 필요성이 제기되었다.

한국인들은 태양과 해변은 아시아에도 있다고 말했다. 그리고 그런 것들은 네 시간 또는 다섯 시간 비행기를 타면 저렴한 가격으로 즐길 수 있다고 했다.

그 회의에서 강조된 것은 바로 교육관광을 중요한 개발 요소로 고려해야 한다는 것이었다.

예를 들어 한국인의 자녀 교육에 대한 관심은 매우 높다. 그래서 그들에게 태양과 해변을 즐기는 것 이외에도 스페인어 또는 영어를 배울 수 있는 국가가 있다고 한다면 한국 관광객들에게 가볼만한 곳으로 동기유발을 할 수 있다.

이 점과 관련하여 아시아 관광객을 받아드릴 수 있는 관광 기반 시설의 개발이 필요하다는 점도 지적되었다. 아시아인들은 항상 고국을 떠나서도 자신들의 고유한 문화, 언어 그리고 음식을 느끼고 싶어 한다.

따라서 한국인 관광객들을 다른 어떤 나라보다 많이 유치하기 위해서는 한국어를 구사할 수 있는 안내원 확보가 필요하다. 한국어로 제작된 여행안내 서비스를 제공하는 식당도 있다고 했다.

언젠가 한국 관광회사를 통해 캄보디아를 방문했을 때 모든 일정 즉, 출국, 입국, 관광지 방문, 식당, 예술행사 등이 한국어로 이루어져 있었다.

하지만 그 회의의 또 다른 중요한 주제는 아시아 시장에서 인터넷을 통한 도미니카 공화국의 관광 홍보가 더욱 활성화되어야 한다는 필요성이었다. 한국인들에게 가장 중요하고 잠재력이 큰 관광시장은 미국이라고 했다. 매년 120만 명의 한국인들이 미국을 찾는다. 그러나 비자 면제가 이루어지면 그 수는 두 배 또는 세 배에 이를 것이다.

만약 지역별로 적절한 인프라의 설계와 함께 관과 민이 공세적으로 홍보 정책을 만들어 간다면 많은 아시아 관광객을 우리 도미니카 공화국과 Puerto Plata로 유치할 수 있을 것이다.

부처 간 감독과 공조

개발계획이라는 주제와 관련하여 부처 간 감독과 공조가 중요하다. 국정을 면밀히 감독하는 일은 성과를 달성하는데 중요한 역할을 한다. 한국에는 행정안전부가 정부 산하기관들의 효율성을 감시한다.

행정안전부는 정부 부처와 실무부서들의 기능을 감독하고 계획을 수립하며 이를 이행하기 위한 절차를 마련한다.

동시에 장관 또는 국장 등 공무원들의 직무를 평가하고 승진을 위한 추천도 맡는다. 행정자치부의 계획 및 직무와 긴밀하게 관련되는 문제로써 국제협력도 다룰 수 있다.

한국인들은 '한 부서는 다른 부서와 함께 계획을 세우고 사업을 추진한다'는 생각을 공유하고 있다.

서울시의 경우 국제적인 성격의 한국 문화 및 관광 사업을 추진할 때에는 문화관광부 또는 외교부 등 다른 부처와 협력하기도 한다.

대한민국 문화는 이렇듯 부처 간 계획과 공조의 문화이다.

우리 중남미 국가들에서는 한 기관은 물론 두 개 이상의 부처가 연관된 업무에서도 전략적인 계획이 부재할 때가 있다. 그리고 이러한 상황이 발생하면 교육, 문화, 보건 부문과 대외 부문 간의 유기적인 협조가 어려워질 수 있다.

중남미의 실태를 보여주는 문제들 가운데 하나는 지방정부를 포함하는 지역적 성격의 계획과 중앙정부 그리고 다른 지방정부 계획들과의 연계성이 떨어질 수 있는 가능성이 있다는 점이다. 일반적으로 하나의 지방 또는 시에서 일어나는 일이 다른 지방에선 잘 홍보되지 않는 현상이라고 말할 수 있다.

우리 중남미 국가들 중에 많은 국가들에서 계획은 이론에 치중되어 있고 현실과는 거리가 있다. 많은 중남미 국가들에서 중앙정부 기구 즉, 각 부처와 산하기관들이 중장기 전략계획 과정을 개발한다는 것은 흔하지 않은 일이다. 비록 그렇게 한다고 해도 시행기관들은 기술적이거나 이론적인 단계에 머문다.

우리 중남미 국가들은 경험에 비추어보면 의사결정 과정이 지나치게 중앙 집중 형식을 취하기 때문에 의사결정시에는 일반적으로 강요 또는 상명하복 유형을 따르게 되지, 협조적이고 민주적이며 모두가 참여하는 합의 또는 토론의 절차를 거치지 않는다. 반대의 경우도 마찬가지이다. 이러한 과정을 지방분권 형식으로 진행하게 될 때 누가 특정 문화, 관광 또는 주요 외교 사안에 대한 후속조치 이행에 책임이 있는지를 알 수 없게 될 때가 있다

Santiago 관광

마치 한국 사회와 깊은 관련이라도 있는 사람처럼 Santiago 전략개발이사회(Consejo de Desarrollo Estratégico de Santiago) 이사장은 자본, 인적 자원 그리고 기술의 이동을 용이하게 해주는 네트워크로 각 도시들이 연결되어 있지 않으면 비즈니스 세계에서 경쟁력을 확보하는데 많은 어려움을 겪게 될 것이라고 충고하였다.

이사회의 목표는 Santiago의 재도약이며 이 목표를 달성하기 위해 소위 '마르까 씨우닫(Marca Ciudad)' 전략을 수립하여 유적지에 대한 투자와 복원을 이룩하고자 한다. Santiago 시민들이 간절히 바라는 것은 바로 한국이 해 낸 것을 그대로 이루고자 하는 것이다.

Santiago 프로젝트는 21세기 도시들이 발전의 주요 축이 될 것이라고 하는 전제로부터 출발한다. 경쟁력을 확보하고 투자를 유치하기 위해서는 투자자 친화적인 환경을 제공해야 할 것이다. 이들은 하나의 결정을 내릴 때 다음과 같은 요소들을 중요하게 여긴다:

- 환경
- 청결도
- 교통질서
- 근로자들의 교육 수준
- 무형의 부가가치
- 문화
- 전통에 대한 존중

－시민의 안전 보호

개발의 개념은 명확하다. Santiago에는 해변이나 관광지로 유명한 강 그리고 고래들이 없다. 그러나 조형물과 박물관, 럼 공장, 수공예품, 미술작품, 전통음악, 국제적인 수준의 병원이 있다.

매우 중요한 문화적 요소인 친절함과 다정다감한 Santiago 시민들의 성격 등을 포함해서 역사적, 문화적으로 매력적인 자원을 개발해야 할 것이다.

Santiago를 찾는 관광객들은 자신들의 예산 가운데 일정 부분을 상점과 보석상에서 다양한 물품을 구입하는데 쓴다. 방문객들이 즐겨 찾는 보석들은 호박, 금, 라리마와 다른 광물들로 만든다.(http://www2.diariolibre.com/app/article.aspx?id=116565, 15 de agosto de 2007)

이 지역을 보다 매력 있는 곳으로 만들기 위해서는 넓은 공원지역을 포함하는 컨벤션센터, 도시 교통 시스템 개선 그리고 Santiago로 연결되는 철도 노선 확보가 중요하다. 이러한 제반 사항들은 Santiago에서의 관광에 큰 도움이 될 것이다.

앞서 제시된 많은 제약에도 불구하고 Santiago 관광 과장이 단언하듯이 Santiago에서는 최근 수 년 동안 문화관광의 부활이 시작되었다.

역동적인 공공행정

한국의 공공행정의 역동성을 잘 말해주고 또 필자의 관심을 끄는 많은 특징 가운데 하나가 서울특별시의 시청 건물 정면 모습이다. 그곳에선 한국의 이미지 제고 정책의 일환으로 아주 흔히 사용하는 '다이나믹 코리아'라는 표현을 볼 수 있다.

그리고 이 책의 독자가 여름에 시청 청사 주변을 건너게 되면 분수를 만나게 되는데 거기에선 아이들, 어린이들 청소년들이 옷을 입은 채 물장난하며 더위를 식히는 모습을 볼 수 있다. 또는 어떤 사람들은 물끄러미 그 모습을 보면서 여유로운 시간을 보내기도 하고 사진을 찍기도 한다.

만약 당신이 겨울에 그곳을 방문하기로 마음을 먹는다면 청사 앞의 스케이트장에서 남녀노소 많은 시민들이 꽁꽁 얼은 얼음 위로 스케이트를 타는 모습을 만나게 된다. 추운 계절이므로 사람들은 그 모습을 구경하지 않지만 스케이트장 안의 사람들은 혹한의 날씨도 아랑곳 하지 않으며 스케이트를 즐긴다.

이 공공장소는 계절에 따라 그리고 사회적으로 중요한 행사가 있을 때 모습을 바꾸기도 한다. 대형 무대를 설치하여 한국 최고의 오케스트라가 연주하는 클래식 음악 연주회를 연다. 또 이곳은 서울의 역사와 관광 중심지로서 방문객들에게 늘 새로운 느낌을 전달하기 위해 시기를 달리하며 다양하게 이용된다.

이는 정부와 국가의 편리성과 이해를 따라 정책과 법규를 조절하는 역동적인 개념의 공공행정이 있기 때문에 가능한 일이다. 즉 국가와 정부가 기존의 법에 안주하는 것이 아니라는 의미이며 시간이 흘러도 변화가 완만하게 일어나는 현상과는 거리가 멀다.

한국에는 우리 중남미의 많은 국가들과는 달리 성과에 따라 평가하는 제도적 계획과 관행이 존재한다. 즉 성과에 기초해서 공무원들에게 책임을 부과하는 목표할당제가 실시되고 있고 이 제도가 잘 이행될 수 있도록 보장하는 관리가 철저히 이루어지고 있다.

> 예산의 운용은 역동적이고 효율적인 공공부문이 적절하고 실현가능한 계획을 세울 수 있는가 라는 가능성과 상관관계에 있다.

한국에서는 공공기관들이 계획 예산을 할당받기도 하지만 경우에 따라서는 자체 사업예산을 창출하여 개발계획을 충당하기도 한다.

적절한 계획의 부재와 부족한 예산 집행권은 정부기관들로 하여금 단순히 수동적이고 지시에 의해 움직이는 기관 즉, 사업 추진을 전향적으로 추진하겠다는 의지가 결여된 채 일시적인 제도적 유행을 따르며 누군가 기준을 세워주기만을 바라는 상태로 복지부동하는 자세를 취하게 한다.

강원도, 관광마케팅의 우수사례

강원도는 한국에서 관광지를 어떻게 마케팅하는지를 보여주는 좋은 사례가 된다. 이 지방은 서울에서 180킬로미터 거리에 있는데 한국에서 두 번째로 큰 지방이며 면적은 16,874km^{2}로써 도미니카 공화국 국토의 17%에 해당한다. 한국 농경지의 10%가 이 지방에 있고, 한국 전체 면적의 9%를 차지한다. 인구는 153만 명이며 한국전체 인구의 3.1%가 이곳에 거주하고 있다.

버스에서 우리에게 배포한 홍보물을 보면 강원도는 겨울철 스키를 위한 최적지로 소개되고 있다. 그리고 그것은 결코 과장이 아니다. 숙소로 제공된 호텔에 도착했을 때 과연 그럴만하다는 것을 눈으로 확인할 수 있다

강원도는 산간 지방으로서 봄이 시작되어도 겨울철 눈 위를 미끄러지듯 타고 내려가며 스키를 즐기던 스키어들에게 넓게 트인 스키장을 그대로 보존해 준다. 도시 주변에는 스키 장비를 판매하는 전문점들이 위치하고 있다.

강원도 평창군은 아시아 전역의 겨울철 스포츠 중심지로 인정받고 있다. 또한 스키를 즐기기에 가장 적합한 기온을 갖춘 지역으로 홍보되고 있다.(영하 5.4도)

강원도 국도에서 5분, 서울에서 단지 2시간이면 닿을 수 있는 접근이 용이한 지역이다. 방문객들은 숙박시설, 기후, 오랜 전통과 문화 등을 갖추고 겨울철 스포츠의 명소를 한 눈에 알아 볼 수 있는 지도를 제공 받을 수 있다.

이 지역은 한반도 통일을 품는 대양의 이미지도 투영한다. 그리고 이는 강원도 평창시장이 베푼 만찬에서 본 프리젠테이션에서 확인했다.

맞는 말이다. 강원도 바다를 통해서 남북한은 서로 소통한다. 그리고 바로 이곳에서 통일은 또 하나의 관광자원이다.

또한 강원도는 손꼽히는 한국영화 촬영지다. 순수 한국영화의 고전『겨울연가』가 이 지역에서 촬영되었다. 그래서 이곳에

관광객들이 찾아오고, 사람들은 주인공들이 함께 걸었던 나무 밑이나, 앉아서 이야기를 나누었던 곳에서 사진을 찍기도 한다.

태권도는 강원도 관광 홍보를 위해 이용된다. 시범을 보여주기도 하고 교육과정을 열고 수료하는 사람들에게 증명서를 발급해주며 참여에 따른 성적도 부과한다. 모든 것은 참여기관과 참여기간에 따라 달라진다.

관광홍보물 가운데 내가 주목했던 것은 해발 700미터의 산맥이 있는 높은 지역의 고도가 스트레스와 피곤을 쫓고 심지어 혈압을 안정시킨다는 소개였다. 이 정도의 높이가 육체와 정신 건강에 적합하다고 한다면 도미니카 공화국의 매력적인 자연을 이 같이 홍보하지 못할 이유가 없지 않을까?

한국의 경우 고도뿐만 아니라 높은 산을 걷는 하이킹까지 건강을 지키는데 좋은 운동 시스템으로 홍보하고 있다.

강원도의 사례를 본 후 가끔은 왜 도미니카 공화국은 이와 같은 사업을 실행하지 않는 것인가? 라는 질문을 하게 된다.

> 왜 각 지방과 관광지의 특유한 가치, 음식, 전통 등을 바탕으로 체계적인 홍보를 하지 않는 것일까?

그래서 나는 강원도야 말로 어떻게 하면 관광개발 계획을 잘 세우고 홍보할 수 있을지에 관하여 생각하게 하는 좋은 사례를 제시해 주고 있다고 믿는다.

한국관광과 도미니카 관광의 차이

한국과 도미니카 공화국의 관광부문에서의 차이는 다음과

같은 측면에서 잘 나타난다. 즉 한국에는 잘 갖추어져 있지만 우리나라에는 아직 낙후되어 있는 항목들이다.

1) 관광개발계획
2) 제도적 유연성
3) 부처 간 공조
4) 관광개발계획에서의 환경과 지자체와의 연계
5) 연구와 재원의 구성요소
6) 관광 개념과 문화, 종교 및 스포츠 개념의 연계

한국에서는 경제 전반에 대한 계획, 특히 관광 및 문화 사업에 관한 계획이 잘 이루어지고 있다. 이를 테면 계획 자본주의라는 뜻이다. 국가가 주도하는 모델은 빠르고 유연하다.

비록 국가가 시장에 개입을 한다고 해도 일부 경제전문가들이 부르는 것처럼 "시장 친화적"인 방법을 통해서 경직되지 않은 시장 우호적이며 치밀하게 대비하는 형식을 취한다.

관계 법률의 제정은 지자체에서의 관광개발계획이 유발하는 환경평가를 사전에 실시한 후에 이루어진다. 즉흥적이거나 무계획적으로 사업을 추진하지 않는다는 이야기다.

사업 초기에는 환경과 조화를 이루도록 그리고 지속가능한 개발을 가능하게 하는 관광자원의 개발을 고려한다.

정부는 생태공원, 생태편의시설 및 생태계를 포함하는 생태관광을 추진하기 위한 대책을 마련했다.

이러한 의미에서 지속가능한 관광자원의 개발과 운용 및 평가를 위한 지표가 개발되었다. 예를 들어 관광이 수요와 투자에 미치는 영향을 측정하기 위한 관광위성계정(Tourism

Satelite Account) 등의 평가수단을 설계했다.

법안과 개발 사업의 구상과 관련하여 부처 간 공조가 이루어지고 있다. 이 사업에는 한국의 관광개발계획의 일환으로 향후 10년의 관광개발을 관장하는 관광진흥법(National Tourism Promotion Act)의 규정에 따라 정부부처(환경, 건설교통, 행정안전부 등)가 공공부문과 민간부문의 공동협력을 지원하며 참여하고 있다.

최근 2008년 10월 14일 관광의 날 기념식을 통해 한국에서는 '2010∼2012 한국방문' 계획이 시행되었으며 이를 통해 2007년 645만 명의 관광 유치실적을 2012년 1000만 명으로 늘리기로 목표를 정했다. 그리고 영부인을 명예위원장으로 하는 위원회를 조직하였으나 실질적으로 이 위원회는 전국경제인연합회 관계자가 주재하기로 하였으며 향후 3년 동안 목표 달성을 위해 국내외 모든 사업을 추진하게 될 32명을 선정하였다. 여기에는 공무원, 연기자, 외교관, 기업인, 조사기관 및 관광업계 관계자가 포함되었다.

도미니카 공화국 관광부 관계자의 말에 따르면 지난 35년간의 관광부문 개발은 민간분야의 발전을 촉진하기 위해 자생적으로 실행되어져 왔다고 말할 수 있다. (www.listindiario.com.do 10 de agosto del 2007)

즉, 도미니카 공화국에서의 관광개발은 관광개발진흥 및 장려에 관한 법률, 특히 1971년의 법률 153호, 법률 16-95호, 그리고 158-01호 등이 명시하는 장려책에 기초하였는데 이 법률들은 주로 스페인의 도미니카 공화국 호텔 부문 투자 증가를 허용한다는 내용을 담고 있었다. 일반적인 관광부문 개발계획이 시행된 것은 소수에 그쳤다.

그 가운데 가장 중요한 계획은 스페인 안달루시아 주 정부, 도미니카 공화국 관광청 그리고 도미니카 공화국 호텔 및 레스토랑 협회가 2003년 실시한 계획이었다.

그때에 발표된 연구결과에 따르면 도미니카 공화국의 관광은 태양과 해변을 이용하는 개념에 기초하였었고, 외화 창출과 국내 및 카리브지역의 객실 증가를 위하여 개발계획에 따라 부분적으로만 발전했다.

2006년 도미니카 공화국에서는 400만 명이 우리나라를 관광했고, 그중 240만 명은 외국인이었으며 이들은 국내에서 약 40억 달러의 외화를 썼다.

하지만 이러한 관광부문의 성장 혹은 성공은 기본적으로 관광객의 수와 객실의 증가에 의해서 측정되었다.

관광부문과 지역사회의 보다 폭넓은 네트워크를 구축하는 것이 필요하다. 관광객이 원하는 매력적인 가치를 제공하기 위해서는 인프라와 교육여건의 개선이 이루어져야 할 것이며 이는 합당한 관광계획의 추진을 통해 가능하다.

* *참조* Jong Il Kim, *"Export Development in the Dominican Republic, Industry-Level Analisis and Policy Recommendations," Donguk University, Knowledge Sharing Program for the Dominican Republic's Export Development, KDI, September 30, 2008, Seúl, Corea del Sur.*

제3장 신개념 공공행정과 디지털 시티

효율정부

한 번은 김판수 교수가 위대한 볼프강 아마데우스 모차르트의 고향인 오스트리아 잘츠부르크에서 효율정부의 흥미로운 사례를 찾게 되었다.

그가 발견한 것은 한 대의 자전거였는데 그 모습이 문어를 닮았었다. 바퀴가 일곱 개였고 일 곱 사람이 동시에 운전을 해야 하는 자전거였다.

자전거가 정부와 무슨 관련이 있단 말인가?

김 교수의 논리는 다음과 같다:

"효율 정부는 바로 모든 바퀴, 그러니까 모든 행정이 하나의 방향으로 추진되도록 하는 것을 이루어내는 정부이다. 자전거의 어느 한 바퀴라도 다른 방향으로 가려고 한다면 즉, 같은 목표를 지향하지 않거나 자기 일을 하지 않는 기관 또는 공무원이 있을 때 정부의 효율성은 떨어지고 자전거는 값 비싼 기계가 되어 얼마 안가서 엄청난 재앙을 불러일으킨다."

그의 이야기는 영어 약자 LOGODI(Local Government Officials Development Institute)로 알려진 행정안전부 지방행정연수원이 중남미와 동남아시아 공무원을 대상으로 실시한 세미나에서 소개한 것이다.

나는 'Reform Strategy and Performance': 'Changes in the Korean National and Local Governments'라는 주제의 연세대학교 정경대학원 교수 강연을 들을 수 있는 기회가 있었다.

김 교수는 전통적인 개념의 공공행정과 신개념 공공행정이라고 부르는 자신의 행정유형모델을 보여주었다.

전통적인 행정에서는 법규와 절차를 엄격히 준수하는 것에 큰 비중을 둔다. 새로운 행정에서는 성과를 내기위하여 원천과 재원을 활용한다. 일반적으로 법규에 기초하는 행정은 이를 위반해선 안 된다. 그러나 반면 신개념 행정은 목표달성을 지향하는 행정이다.

전통적인 행정에서 국가의 직무는 안정성과 전통에 기초를 두는 반면 신개념 행정에서는 변화와 혁신을 도모한다. 전통적인 행정에서는 리스크를 피하는 반면 새로운 모델에서는 기회의 제공이 지속적으로 그리고 일상적으로 발생한다.

전통적인 행정은 계급에 토대를 두며 새로운 행정은 시장에 근거한다.

김판수 교수가 프리젠테이션에서 소개한 공공행정의 세가지 모델을 정리할 필요가 있다.

1. 전통적인 공공행정 모델

2. 경영효율화 시각에서의 공공관리

3. 신속한 정책반영을 위한 대응형 국가행정

새로운 개념의 국가행정 모델들을 얼마나 설명할 수 있을지 모르겠지만 가능한 범위 내에서 시도하려고 한다.

첫 번째 모델 즉, 공공행정에서 국가와 시민들의 관계는 상명하복의 관계이다. 권력기관에 시민들이 마치 노예처럼 따르기만 한다. 책임에 관하여 전통적인 행정에선 정치적 요소가 결정적 요소가 된다. 경영에서는 고객의 역할이 그러하고 현대적인 형식에선 시민의 역할이 그만큼 중요하다.

공공행정에서의 상호작용은 강제적인 유형을 따른다. "만약 당신이 지시대로 하지 않으면 상응하는 처벌을 받게 될 것이요"하는 것과 같다. 공공관리에서는 권한의 위임에 근거한 상호작용이 발생하고 현대행정에서 상호작용은 협력에 기초한다.

공공행정에서 성공의 기준은 output 공공관리는 성과를 중시하며, 현대행정은 성과를 내기 위한 과정에 중요성을 둔다.

공공행정의 기본원칙이자 핵심적인 요소는 절대적인 규정준수이고 공공위임은 효율과 성과, 마지막으로 현대행정은 투명성과 참여를 목표로 한다.

결국 굿 거버넌스의 특징은 투명성, 감성, 책임, 평등과 관용, 합의, 효과, 효율성 등이며 이를 토대로 좋은 정부의 특징을 정리하면 다음과 같다.

– 참여하는 정부
– 연계성이 있는 정부
– 정책의 오류가 없는 정부

현재의 경제 및 정치 환경과 커뮤니케이션 메커니즘을 따라가지 못하는 40년 전을 기초로 한 정부 정책은 효율적일 수 없다.

김 교수는 몇 년 안에 지방분권이 강화될 것이며 교통체증과 인구집중을 막기 위해 서울에 정부 사무실이 줄어들게 될 것이라고 믿고 있었다.

최근의 정부행정 혁신 조치 가운데 새롭게 시작된 제도는 평가 및 인센티브 제도로서 탁월하고 효율적인 업무 성과를 내는 정부 기관과 공무원을 대상으로 업적인정, 승진, 급여, 교육 및 해외연수 등의 부문에서 유인책을 제공하는 제도이다.

한국은 성과를 달성하기 위하여 동기를 유발하는 국가발전 지도자 양성을 위해 관심을 기울여 왔다.

하지만 한국의 경험에서 발견할 수 있는 또 하나의 중요한 측면은 바로 정부의 연계성이다. 유사한 목표를 달성하기 위해 정부 산하의 여러 기관들이 긴밀하고 잘 조정된 협력을 이루어 나간다. 이는 이미 전 장에서도 언급하였지만 김 교수가 재확인 해 준 것이기도 하다.

서로 유사한 직무를 갖고 있는 경우, 조정을 통해 상호 호혜적으로 정부의 여러 사업이 소통과 협력과정을 거치지 않으면 효율적인 정부의 임무 수행은 불가능하다.

예를 들어 한국에서는 청와대가 대통령의 직접적인 감독하에 체계적으로 변화를 관리하고 정부혁신전략 회의를 운용한다.

행정안전부는 정부조직 개편 과제를 수행하고 정부 직무

의 혁신과 관련된 사항에 대하여 가이드라인을 제시하고 관리하며 각 부처의 추진과정을 모니터링 한다.

그래서 각 부처의 기관과 실무 부서들은 자신들의 연간 계획을 개발하고 각 분야마다 해당되는 혁신 목표를 설정하며 다른 정부 부처들의 추진과정도 모니터링 한다.

그 후에 정부혁신과 지방분권을 위한 대통령 직속 위원회에 통보하면 위원회의 씽크탱크들은 다양한 사업을 분석하며 전략을 수립하고 시행 지침을 설계하여 다시 동 위원회의 승인을 받게 된다.

김 교수가 논문에서 밝힌 바와 같이 한국이 전자정부와 디지털 컨버전스를 확보하고 있다는 사실은 시사하는 바가 크다. '새로운 전자정부 시대'라고 하는 이 시스템은 시민들이 어디에서든지 최단 시간 내에 정부의 서비스를 받을 수 있도록 해주고 서울시 업무 효율의 제고를 주요 목표로 설정하고 있다. 예를 들어 집에서도 한국 국민들은 세금을 낼 수 있고 은행의 입출금 업무 또는 해외로 자신의 상품이 발송되는 과정을 모니터링할 수 있도록 해 준다.

결국 관료주의와 형식주의에 기초한 과거의 패러다임을, 거버먼트보다는 거버넌스, 중앙집권보다 지방분권, 장악보다는 공유, 일극화보다는 다극화, 의존보다는 상호의존을 주요 목표로 설정하고 특히 정부의 업무효율 개선뿐만 아니라 국가 경쟁력 강화를 위한 개혁을 가능하게 하는 새로운 모델을 의미하는 제도이다.

디지털 시티

핀란드의 수도 헬싱키의 기술국장 Tuomo Karakorpi는 시민들에게 헬싱키 시청의 홈페이지가 제공하는 서비스를 흥미로운 파노라마 형식으로 보여 주었다.

그날 2008년 7월 7일 나는 일과를 마치고 늘 그래왔듯이 서울의 한 호텔이 예우 차원에서 외교관들에게 제공하는 대중사우나에 갔다가 국제 전자정부 포럼에 관한 광고를 보게 되었다.

호텔 3층에 가서 알아보니 곧 바로 관련 문서를 손에 들려주며 행사장으로 안내했다. 핀란드 대표는 도시에 관해 내가 본 어떤 것보다 완벽한 디지털 민원서비스 프리젠테이션을 하고 있었다.

그리고 그럴 만도 했다. 2007년 Digital Governance in Municipalities Worldwide에 따르면 이 도시는 여러 측면 가운데 사용자의 서비스, 이용 및 참여에 관한 평가방식을 분석한 결과 3위를 차지했다.

홍콩이 2위이고 대한민국의 수도 서울은 1위이다. 이 연구는 미국 뉴저지 뉴악의 Rutgers 대학과 한국의 성균관대학교가 공동으로 수행했다.

그리고 이 연구는 2003년부터 2년에 한번 씩 실시되어 3회가 실시된 것이다. 헬싱키 시의 홈페이지는 다음과 같다:

http://www.hel.fi/wps/portal/Helsinki_en?WCM_GLOBAL_CONTEXT=/Helsinki/en/Etusivu

한국인 부부가 서울 지하철에서 최신 동영상재생 기기를 통해 인기 텔레비전 드라마를 시청하고 있다.

이 홈페이지는 여러 언어로 정보를 제공하는데 그중 하나가 영어이다. 이곳에서는 청소년, 성인, 장애인 그리고 심지어 이주민들에 대한 인구 계층별 정보를 탐색할 수 있다. 그리고 도시의 서비스와 서비스 품질에 관하여 의견을 개진하고 토론하며 참여할 수 있는 섹션도 준비되어 있다.

얼마 지나지 않아 한국의 일간지 The Korea Times는 이 연구결과를 발표했고 서울의 치안, 사생활 보호, 민원서비스, 시민의 참여와 관련하여 서울이 이룩한 성과를 강조했다. 서울시의 홈페이지는 적어도 이 두 대학의 연구결과에 따르면 100개의 샘플도시 가운데 최고를 자랑한다.

방대한 자료를 탑재한 서울시의 웹사이트는 http://www.seoul.go.kr/ 이다. 영어 웹사이트는 한국어 본보다 간결하다: http//english.seoul.go.kr/?Sid=101_01. 그리고 스페인어 홈페이지는 http://spanish.seoul.go.kr이다. 서울은 3회 연속(2003, 2005, 2007) 1위를 차지했다.

최종연구는 2007년 8월에서 12월의 기간에 실시되었고 평가 항목은 다음과 같다:

– 온라인 민원업무 서비스
– 공공시설 예약
– 정책 사이버 포럼 등 시민의 참여
– 전자회의
– 온라인 여론조사
– 보안과 사생활 보호
– 개인 신상자료 보호정책
– 전자결제
– 보안서버
– 사용의 편리성(검색, 탐색 수준, 디자인)
– 콘텐츠 - 조직에 관한 정보와 장애인들의 접근성

시민들이 참여하는 웹사이트는 높은 점수를 기록했다.

"서울시는 국제 전자정부 평가의 세 분야(보안, 민원서비스, 참여)에서 1위를 차지했다".

특히 시민들의 창의적인 제안을 수용해서 서울시의 정책에 반영한 웹 사이트들은 시민 참여 부문에서 높은 점수를 받았다. 홍콩시는 콘텐츠 구축 부문 그리고 마드리드는 편의성 부문에서 1위를 차지했다.

서울시는 '유비쿼터스 서울' 이라는 사업을 통해 도시의 디지털 민원서비스를 제공할 수 있게 되어 전자정부 평가 부문에서 좋은 성과를 냈다.

서울시 청사는 수도서울의 랜드마크 가운데 하나이다.

중남미 지역에선 100대 전자정부에 포함되는 평가를 받은 도시들을 찾아보기 힘들다. 도미니카 공화국 도시들도 아직은 목록에서 빠져있다.

도미니카 공화국의 지방정부

도미니카 공화국의 지방정부들은 앞서 언급된 디지털 도시들의 행정, 기술 및 효율성의 수준과는 아직 상당한 격차를 보이고 있지만 발전도 있었다.

Francisco Cáceres Mendoza(국가개혁이사회 기술 부국장: Subdirector Ejecutivo Técnico del Consejo Nacional para la Reforma del Estado)의 의견에 따르면 지방정부는 다양한 성격의 진전을 이룩하였다. 이 관리는 서울에서 개최된 도시행정 학술행사에 '도미니카 공화국에서의 지방정부'라는 제목의 논문을 보내왔다.

전문가로서 그는 시 기능의 분할, 선출직 공무원들의 역량, 지방정부의 시민 참여 및 시 재정의 원스톱 시스템 분야에서 일부 진전이 있다고 평가했다.

하지만 각 시의 발전을 위해서는 여전히 다양한 과제가 남아있다. 그 가운데 가장 기본적인 과제들은 다음과 같다: 시청에서 근무하는 인력의 안정성과 전문성을 확보하기 위한 행정 교육과정 설치, 지방 세수가 낮을 경우 국가 재정에 대한 의존도가 높아지지 않도록 하는 각 지방 세수의 확대.

"한국의 경우 22퍼센트가 지방세이며 78퍼센트의 세원을 중앙정부가 담당하고 있다"고 김 교수는 지적하며 이 비율이 지방세 40퍼센트 국세 60퍼센트가 되어야 할 것이라고 말했다.

도미니카 공화국에서는 법률 163호에 따라 지방정부의 수입이 2004년부터 국가 수입의 8퍼센트에서 2005년부터 10퍼센트로 증가 되었다. 하지만 Cáceres Mendoza씨는 현재 그 비율이 중앙정부의 효율적인 세수확보에도 불구하고 지켜지지 않는다고 한다.

한국 지방정부들은 보다 양질의 그리고 더 많은 세수를 확보해가고 있지만 효율성을 높이기 위해 목표를 상향 조정한다.

연세대학교 김 교수는 "선진국의 흐름을 쫓아가기 위해서는 한국 지방정부들이 독립성과 분권화를 더욱 개선시켜야한다"고 말한다.

도미니카 공화국 지방정부들의 여러 과제들로 거론되는 것 중에는 시정책 문화의 일부분이라고까지 여겨지는 부패와 인기영합주의를 극복할 필요성이 언급되기도 하며 민원 서비스의 양적인 증가 말고도 품질을 개선하는 등 공공 서비스의 효율 제고도 있다.

또한 중요한 과제들로서 도덕성과 투명성 제고, 시민참여 강화, 전자정부 구축 등이 있는데 그 이유는 정보통신 기술이 지방정부에 의해 이용되기 시작했기 때문이다. 그리고 지역 발전은 잠재성이 크지만 여전히 현안으로 남아있는 또 다른 과제이다.

최근 정보통신분야 정부산하기관인 OPITIC과 el INDOTEL은 국제적인 기관과 도미니카 공화국 도시 웹페이지 개설을 위한 협력 협정을 체결했다.

실제로 두 기관과 중남미 정보통신연구소 및 기업 협회(Asociación Iberoamericana de Centros de Investigación y Empresas de Telecomunicaciones)는 지방의 도시들을 디지털화하기 위한 사업을 런칭했다. 그 목적은 각 시가 네트워크, 접근성, 정보 및 서비스를 갖추도록 하는 것이고 궁극적으로 국가의 모든 시들을 디지털화하는 것이다.

'시 전자정부 개발을 위한 협정'은 참여기관들로 하여금 사업 시행을 책임지도록 하고 각 시가 전자정부 구축 및 개발을 시작할 수 있도록 한다. 사업 시행 발표 행사에서는 "각 지방이 시 단위 및 주 단위의 전자정부를 갖추게 될 것이다"라는 사실이 공표되었다. Luis Manuel Bonetti 대통령 행정비서관은 이 사업을 획기적이라고 평가하며 "축하합니다. 이제 한국에서 필요한 지원을 얻을 수 있을 것입니다"라고 언급했다.

생명공학의 도시 제천
민-관 협력

Korea Post는 서울에서 약 두 시간 반 떨어진 한국의 중부에 소재하는 제천시에서 2006년 8월 9일 개최된 제천영화음악축제 개막식에 외교관들을 초청했다.

아주 세밀하게 잘 준비된 행사 일정을 보면서 그날 밤 제천 시장과의 만남이 예정되어 있었다는 것을 알게 되었다. 그리고 곧 우리들은 한 밤의 더위가 기세를 떨치던 호수 근처에서 열린 영화제의 개막식에 참석했다. 개막식은 최고의 디자인으로 아름답게 꾸며졌으며 깜깜한 밤하늘을 수놓은 불꽃놀이로 마무리되었다.

서울에서 제천으로 가는 길에 우리는 많은 정보가 입력된 폴더를 지급받았다. 일종의 영화제 브로슈어인 셈이었다. 또 하나 받은 것이 자세한 영화 프로그램인데 모든 영화의 콘텐츠를 소개하였다. 아르헨티나 베네수엘라 스페인 등 약 29개 나라의 영화들이 들어 있었다.

또 하나의 홍보물에는 제천시의 많은 명소들에 대하여 문화적인 설명을 수록하였다. 어떤 팜플릿은 제천시의 이미지를 제천 바이오 벨리, 제천 리조트 컴플렉스 그리고 에코테러피 컴플렉스의 설립을 통한 레저와 엔터테인먼트 중심지로 제천시를 투영시키는 정보 맵의 기능을 하고 있었다.

제천 바이오벨리는 효율성과 경쟁력을 갖춘 물류지원 센터로서 바이오 농업 기업 설립을 위한 산업단지이다.

하지만 내가 가장 주목한 것은 제천시의 농업생산에 대하여 고품질의 인쇄와 색상을 사용한 홍보물 자체였다. 그래서 영화제가 단순한 영화행사를 넘어 생명공학 도시로서 대한민국의 천연 과일과 약초 제품의 80%를 공급하는 제천을 알리는 중요한 역할을 하고 있다는 사실을 알게 되었다. 생강, 사과, 포도부터 다양한 약초, 천연 크림과 오일이 홍보물에 수록되어 있었다. 이 제품들을 생산하는 기업 이름이 웹사이트, 전화 그리고 다른 세부 사항들과 함께 소개되고 있는 것도 흥미로웠다.

결국 제천시가 농업 생산자 협회 그리고 지역 관광기관들을 조율하여 지혜롭게 마케팅을 실행한다는 것을 확인 할 수 있었다.

만약 우리나라 도미니카 공화국도 원한다면 어떻게 민간부문과 공공부문이 훌륭하게 힘을 합칠 수 있는가를 배울 수 있는 좋은 사례와 참고 사항이 된다고 하겠다.

혁신, 효율 그리고 성장

대한민국에서 논의되고 있는 것은 어떻게 최단 시간 내에 높은 경제성장, 국민소득 증가 선진사회 구현 등을 이룩해 낼 수 있는가 하는 문제이다.

도미니카 공화국에서 거시경제의 안정과 경제회복의 주제는 잘 다루어지지 않는다. 그리고 발전과 낙후에 대한 딜레마도 존재하지 않는다.

대한민국 수도 서울에서 비행기로 한 시간 거리에 있는 제주도에서 2008년 2월 '효율 정부 그리고 성장하는 기업(Efficient

Government, Growing Company)이라는 주제로 글로벌 혁신 포럼이 개최되었다. 이 포럼에는 수백 명의 연구자, 기업인, 학자와 세계의 저명인사 그리고 한국 내의 외교관들이 참석하여 효율정부와 기업 성장을 어떻게 달성할 것인지 분석하였다.(참고 http://www.innoforum. org/eng/index.htm)

혁신은 변화를 창출하고 낡은 구도를 수정하고 변형하며 발전의 목표에 부합하는 구상을 생성해 나간다는 개념으로 해석된다. 한국 정부의 웹 페이지에는 심지어 가장 최근에 실시된 국내의 혁신 사례들을 열람할 수 있고 그 예로서 대중버스와 택시 등 공공 교통제도 그리고 사이버 테러 대응 센터의 창설까지 업로드되어 있다.

이 분야의 기업 컨설턴트이며 전문가인 김간수(Gans Soo Kim) 씨는 혁신의 예로서 공항 입국 시간을 20분에서 8분, 그리고 출국 수속 시간을 17분에서 7분으로 단축한 것을 꼽았다. 그리고 효율 국정운영이라는 용어를 설명하면서, 특히 서비스에서의 비용과 시간 절감, 정보공유와 참여확대라는 측면에서 투명성의 제고 그리고 의사결정 과정에서 모든 구성원의 의견을 반영하고 균등한 기회를 보장하는 것을 언급하였다.

하지만 김간수 씨는 민간부문과 공공부문이 서로 힘을 합치고 협력하는 것이야말로 혁신과 효율 증대의 과정을 성공으로 이끄는 열쇠가 된다고 믿고 있다. 이를 위해서는 두 부문에서의 효율과 책임에 대한 가치관 정립과 전향적인 태도가 요구된다. 혁신은 사회 그리고 모든 구성원들의 일상생활의 한 부분이 되어야 한다.

혁신과 효율

한국의 제주도에서 개최된 혁신과 기업성장 포럼에 참여했을 때 나는 'Six Sigma' 기법에 대해 자세히 알게 되었다. 나중에 한국에서 이 분야의 전문기업 임원들을 통해 나는 서울의 도미니카 공화국 공사와 함께 도미니카 공화국의 민간부문과 공공부문에서 어떻게 하면 이 기술을 실행할 수 있을지에 관하여 연수를 받았다.(참고 www.nuryii.com)

이 기법은 특히 문제 해결을 위한 5단계의 관찰 과정으로 이루어져 있다.

1. 정의: 요청자의 수요 그리고 기업 또는 기관의 전략과 부합하는 일련의 과정을 개선하기 위해서 문제뿐만 아니라 추구하는 목표를 정의할 것.
2. 측정: 향후 비교를 하기 위한 유의성 있는 자료들을 수집하는 현재의 절차에 대한 평가를 할 것.
3. 분석: 혁신 요인들 간의 우연성 관계를 확인할 것. 관계의 유형을 결정하며 모든 요인들이 감안되었다는 것을 분명히 할 것.
4. 개선: 실험설계와 가용 기법들을 사용하여 분석에 기초한 과정을 최적화할 것.
5. 통제: 결과를 교란할 수 있는 모든 변이요인을 틀림없이 바로 잡을 것. 과정의 역량과 생산단계 이전을 확인하기 위해 시범 단계를 설정할 것. 그리고 시간이 흐름에 따라 체계적인 통제 장치를 설정할 때까지 지속적으로 과정을 측정할 것.

이 기법을 사용한 대부분의 한국 민간기업과 공기업들은 매우 높은 효율을 보였으며 소비자와 서비스 이용자들로부터 지속적으로 만족스럽다는 긍정적인 반응을 이끌어 내었다.

현재 한국은 생산성 향상과 생산 과정에서의 진정한 효율 제고를 위해 상당히 노력하고 있다. 따라서 이 'Six Sigma' 기법에 대해 관심을 갖는 것, 그리고 한국에서 성공을 거둔 이 제도가 우리나라 민간 부문과 공공부문에서 실행될 수 있는지에 대한 연구가 이루어지는 것이 중요하다고 하겠다.

지식 혁명

디지털 정부는 효율성과 품질 그리고 실현가능성이라는 측면에서 민원 서비스 개선을 위한 중요한 반향을 가져왔으며 정부의 국정운영 개선에 기여하고 국민들에게 투명성과 효율성 제고라는 효과도 유발했다.

Irak López Dávila는 전자정부와 정보화사회와 관련하여 멕시코의 경험을 종합적으로 제시하는 결론을 도출했다.

López Dávila는 대한민국 서울에서 개최된 Digital Opportunity Forum 세미나에서 멕시코의 경험을 소개했다. 의심할 여지없이 영어로 'e-government'라고 부르는 새로운 정부는 정부 서비스에서 수많은 성과를 내었고 국민의 접근성을 향상시켰으며 고용과 국가 경제를 위하여 외화를 창출하기도 하였다.

하지만 전자정부가 항상 장미빛 전망을 가능하게 하는 것은 아니다. 전자정부는 시행단계에서 많은 어려움을 안고 있다. López Dávila는 예산상의 애로(재원 부족, 불확실하고 경직된 예산 배정) 법적인 난관(정책, 법규) 그리고 디지털 격차 즉 인터넷 또는 디지털 서비스에 접근할 수 있는 국민들이 제한되어 있는 점을 지적했다.

아마도 가장 중요한 문제는 리더십과 미비한 계획, 이용자 중심 서비스의 부족, 특히 부처 간 협조의 어려움들이다.

멕시코는 세계 정보화사회 부문 66위를 차지한다. 18퍼센트의 국민이 인터넷을 사용한다. 2003년에는 3,200개의 지역사회 인터넷사용시설이 설치되었고 2004년에는 7,500개 그리고 2006년에는 10,000개로 증가하였다. 하지만 대통령령에 따라 IT 운영 법규에 관련된 법적인 근거가 마련되었음에도 불구하고 전자정부의 구축은 실행단계에서 심각한 난관에 부딪히기도 했지만 멕시코는 한국-멕시코 정보기술 협력 센터를 설립하여 3년 만에 의미 있는 성과를 달성하였다.

Jefrey James 네덜란드 Tilburg 대학 교수는 국가적 혁신 시스템은 매우 중요한 제도임에도 불구하고 개발도상국의 취약점이 되고 있다고 인정한 바 있다.

허운나 한국정보통신대학교 총장은 디지털 격차 지수는 다음과 같은 자료에 근거한다고 밝혔다: 유선전화 비율, 이동전화의 수량, 개인용 컴퓨터와 인터넷이 설치된 가구의 비율(인구 100명 당)

허 총장의 의견에 따르면 정보화사회를 건설하기 위한 토대 마련을 위한 유엔 결의안(56/183)의 중요성이 크다.

허 총장은 디지털 격차 축소(디지털 서비스 접근 제한)는 인력양성을 통해 달성할 수 있다는 인식을 갖고 있으며 여기에 대학들이 중요한 역할을 할 수 있다고 한다. 디지털 교육을 담당하는 사람들에게는 어떻게 정보기술을 사용할 수 있는지를 교육해야하며, 농촌도 인터넷을 사용할 수 있도록 원격 학습과정 시행을 위해 노력해야 한다. 이를 통해서만 선진 디지털 사회로의 진입이 가능할 것이다. 즉, 모든 사람들이 언제 어디서나 인터넷을 사용할 수 있는 유비쿼터스 사회 구현이 가능한 것이다.

스리랑카의 Robin Smarajiva 씨는 디지털 격차 해소 문제에 있어서 진전을 기대하기 위해서는 장애요인의 제거가 중요하다는 인식을 갖고 있었다. 그리고 그 장애요인들 가운데 하나가 변화의 주체가 되어야 하는 소명을 받은 국가 기관과 기구들의 태만이라고 한다. 또 다른 요소는 변화와 투명성 제고를 거부함으로써 자신들의 이익을 지켜나가는 사람들의 이해관계라는 것이다.

한편 베트남 텔레메틱스 국장 Dao Ngo Pong이 디지털 정부의 개발을 위해 열린, 앞서 언급된 세미나에서 설명한 바에 따르면 베트남은 한국과 이 분야에서 수많은 협력협정을 체결하였다. 베트남은 계약, 대리권, 허가 등에 관한 정보를 한국측에 제공하고 한국 기업들은 수입 상품과 같은 사안에 대한 정보를 얻어서 의사를 결정할 수 있다는 것이다.

2005년 하노이 시가 디지털 정부 구축을 하기 위한 연구 및 조사를 실시하도록 지원하는 내용의 협정이 서울에서 체결되었다.

칠레도 디지털 정부 분야 그리고 한국과의 협력 문제에서 많은 진전을 경험했다. 정보 기술에 대한 접근에 있어서 중남미 국가 중에서 최고의 지표를 자랑하고 있는 나라가 칠레이며 정보기술센터가 설립되어 있다. 칠레 인구 100명당 유선 전화 보급률이 21.5%, 이동전화 보급률이 62.1% 인터넷 보급률은 27.9 %이다.

칠레가 강조점을 두고 있는 부문은 농촌지역 정보화이며 농촌의 정보 소외 지역에 있는 국민들에게 디지털 서비스를 제공하고 집에서 전자 학습을 받을 수 있도록 하며 정보기술산업을 육성하고 이 분야의 투자를 확대하며 관련 기술에의 접근을 강화하는데 목표를 두고 있다.

이집트에서는 정보기술의 확보를 위한 자금지원을 목적으로 채권 발행을 허용하는 내용의 법률이 승인되었다. 이러한 사례로부터 도미니카 공화국은 몇 가지 중요한 구상을 이끌어 낼 수 있다.

1. 전자정부 개발, 정보기술센터 창설 및 이러한 목적에 부합하는 법적·제도적 틀 마련 등에 관하여 멕시코와 칠레 등 가까운 중남미 국가들의 사례를 연구해야 한다.
2. 사업 타당성 검토를 시작하고 가용한 재원과 연수의 필요, 전자정부 시행 경로, 비용, 시행기간 등을 결정하기 위하여 한국과 협력협정 체결을 강화해야 한다.
3. 한국의 한국전산원(NCA)과 협정을 체결하고 한국소프트웨어진흥원(KIPA) 한국정보문화진흥원(KADO) 그리고 서울시와의 협정 체결도 모색해야 할 것이다. 타당성 조사를 위한 BID-KOREA 협력프로그램을 통해서 BID 자금의 지원 가능성 여부도 타진해야 한다.

4. 디지털 기술 지식 전수를 위한 교육관 및 공무원 교환 프로그램을 추진해야 한다.

5. 인터넷 사용자와 언론기관을 대상으로 정보기술과 전자정부가 지식혁명을 위해 매우 중요한 역할을 담당한다는 것에 대한 인식을 갖도록 해야 한다. 지식혁명은 국민들로 하여금 디지털 서비스를 신속하고 저렴하게 사용할 수 있도록 하게 하면서 고용과 부를 창출하고 삶의 질을 개선한다.

6. 기존의 정보통신 사업자들과 협상하여 디지털 서비스 접근 비용을 줄이거나 사용요금을 인하할 수 있는 새로운 투자를 유치한다.

도미니카 공화국의 전자정부

다행히도 대통령 직속 정보통신기술국과 한국의 정보통신부(현재는 지식경제부)가 협력협정을 체결하여 도미니카 공화국 전자정부 마스터플랜을 수립할 수 있게 되었다.

이 계획은 우리 도미니카 공화국을 중남미 전역에서 가장 높은 수준의 기준을 충족시키는 전자정부 선도국 가운데 하나로 변모시키는 구상을 포함하고 있다. 2015년경에는 이 부문에서 가장 준비가 잘 갖추어진 국가로 부상할 것이며 2025년에는 우리나라의 정부와 기업의 사회경쟁력을 강화하고 모든 국민들이 골고루 혜택을 누릴 수 있도록 해주는 국가로 성장하는 목표를 세워두고 있다.

(참고: Domingo Tavárez 'Gobierno Electrónico, conectando a todos con el futuro(우리 모두를 미래로 연결하는 전자정부)', Cámara Americana de Comercio, Listín Diario, 10 de mayo del 2008, Sección El Dinero, página 3)

2008년 5월 10일 현재 190개 정부기관 가운데 64퍼센트가 자체 웹사이트를 갖추고 국민들이 접속할 수 있도록 하고 있고 나머지 기관들도 구축 중이거나 준비 중이다.

제4장 녹색혁명

서울에 도착한 도미니카 공화국 사절단은 Leonel Fernández 대통령의 농업발전 최우선 정책을 지원할 계획이었다. 그러한 의미에서 식량위기를 맞아 아국을 '카리브의 곡창'으로 변모시키는 사업을 2008년 하반기 핵심 목표로 설정했다.

그래서 한국의 어느 기관들이 첨단 기술을 사용하여 농업생산을 하고 있는지에 대한 조사를 벌였다. 첫 번째 접촉은 농촌진흥청(Rural Development Administration)이었다. 홈페이지에 접속하여 우리는 농촌진흥청이 한국의 농업발전을 위해 매우 중요한 역할을 한다는 것을 알게 되었고 우리나라 농업부, 농업-기업 평의회(Junta Agro-empresarial), 산띠아고 농업연구원(Instituto de Investigación Agrícola de Santiago), 경쟁력 강화위원회(Consejo de Competitividad) 그리고 관련 기관들이 도미니카 농촌의 생산성 제고를 달성하기 위한 기술개발을 위해 농촌진흥청의 업무를 알고 교류를 활성화해야 한다고 판단하게 되었다.

농촌진흥청의 역할

농업관련 연구, 전문 기술서비스 확대와 컨설팅을 담당하는 정부기관이다. 과거에는 고효율 작물을 파종하고 홍보하며 수확에 관한 기술 개발을 통해 쌀을 비롯한 주요 농산물들의 자급자족 목표를 이룩하기 위해 중요한 역할을 수행한 바 있다.

뿐만 아니라 사계절 수확을 가능케 했던 하우스 시스템을 도입하여 신선채소의 생산량을 비약적으로 증대시키는 임무를 성공적으로 수행했다. 또 하나의 주요 업무는 농촌 환경과 농민 삶의 질 개선 등이 있다.

한국의 토양

한국인들은 농업에는 맞지 않는 국토환경의 문제점들을 극복했다.

한국의 기후여건과 토양은 계절 간의 급격한 차이 즉, 여름엔 덥고 습하며 겨울엔 춥고 건조한 날씨와 더불어 7월과 8월 불규칙한 강우량으로 인해 농업이 지장을 받았다.

국토는 산악지형이며 고르지 못하다. 단지 농업에 적합한 면적은 전체의 19퍼센트에 불과하고 농지의 평균 크기는 1.3헥타르이다.

농지개발 추진 과정

- 이러한 장애를 극복하고 전통적인 농업을 현대화하기 위해 1906년 권업모범장이 창설되었다.
- 이후 1947년에 농사개량원으로 재편 및 개명되었다.
- 1957년 농사원으로 이름을 바꾸었다.
- 1962년 대규모 조직개편을 단행하여 현재의 농촌진흥청으로 거듭 태어났다.
- 1996년 한국농업전문학교를 신설하였다.
- 2002년 농업과학기술원과 농촌연구원을 통합하였으며 농업생명공학연구원을 설립하였다.
- 1964년부터 20년 동안 강도 높은 토양연구를 실시하여 상세한 토양지도를 출간하였으며, 지역개발계획을 개선하고 설계하는데 그 결과를 사용해 왔다. 한국의 토양은 대부분 화강암 또는 화강편마암으로 구성되어 비옥하지 않은 편이다.

고품질 쌀

곡식의 생산량 증대뿐만 아니라 품질을 개선하기 위한 목적으로 쌀의 재배에 정책의 우선순위를 두었다. 생산성이 더 높은 다양한 품종들이 지속적으로 개발되었고 생산되었다.

생산단가를 낮추기 위해 모심기, 직파재배 등의 새로운 수확기술이 도입되었으며 완전한 농업의 기계화가 이루어졌다.

비닐하우스는 생산량 증대를 위해 한국의 전 농업지역에서 집중적으로 사용된다.

국제협력

이러한 측면에서 농촌진흥청은 개발도상국, 특히 아시아와 아프리카 및 중남미 국가들에게 과학기술협력을 제공하고 있다. 이 기관은 34개 국가들과 협력협정을 체결 중이다. 최근 파라과이의 민선대통령이 방문하였는데 농촌진흥청은 파라과이와의 협력관계 강화에 관심을 보였다.

농업 발전을 위해 설립된 이 기관은 사절단을 보내어 협력관계 강화 의지와 열정을 보이는 국가들과 협력하며 함께 일하고 있다.

농촌진흥청과의 만남

유갑희 차장은 한국의 농업발전을 위해 농촌진흥청이 맡

았던 역할에 대하여 상세하게 설명해 주었다. 도미니카 공화국 농업 기술과 발전을 촉진하기 위한 협력협정 체결에도 용의가 있음을 밝혔다.

> "대한민국은 전 세계 농업생산성 부문에서 5위를 차지 한다."

1950년 한국전의 결과로 발생한 위기상황이 끝나고 한국은 급격한 기후변화와 경작지 부족으로 해외에서 식량을 수입하지 않고 자급하는 국가로 변화하기 위해 선진 식량생산 기술을 개발해야만 하였다.

실제로 1970년대까지 대한민국은 식량의 해외수입 의존도가 높았다. 하지만 이 기간이 지나고 기술이 급속히 발전하면서 국민들에게 식량을 충분히 제공할 수 있는 정도의 쌀, 육류, 그리고 우유를 생산해 내게 되었다.

사람들은 서울의 도미니카 공화국 대사가 농촌진흥청을 방문하면 농촌발전에 있어서 한국과 도미니카 공화국의 역사적인 관계발전이 가능하게 될 것이라고 믿었다.

도미니카 공화국의 녹색혁명

나는 농촌진흥청 공무원들에게 Leonel Fernández 대통령께서 우리나라를 '카리브의 곡창지대'로 변모시키기 위한 대규모 개혁을 추진하는데 관심이 많다고 설명했다.

일 년 내내 농지 사용을 지속적으로 사용하지 못하게 하는 급격한 기후변화와 뚜렷한 사계절을 가진 한국과 달리 우리나라는 365일 섭씨 22도에서 32도를 오르내리는 적당한 기온을 보인다.

도미니카 공화국은 약 1000만 명의 국민들을 위한 식량을 확보해야 한다. 매년 400만 명의 관광객이 방문하는 우리나라는 아이티와 같은 섬에 위치하는데 아이티는 계란, 닭, 우유, 쌀과 기타 필수 식품의 대량 소비국이다.

더욱이 해외에 거주하는 도미니카 공화국 동포들 특히 미국의 서부해안 지역에 사는 재외국민들은 도미니카 공화국의 식품을 지속적으로 공급받는 문제에 관심을 가진다. 많은 카리브 도서지역들도 미국과 푸에르토리코로부터 식품을 수입하는데 이 지역들은 도미니카 공화국의 또 하나의 확실한 시장이 될 수 있다.

언젠가 한 상원의원이자 전 농업부 장관이 언급했던 것처

농촌진흥청 공무원들이 종자은행의 기능에 대해 설명하고 있다.

럼 도미니카 공화국의 주요 자산은 풍요로운 토양과 농민들의 근면함과 사명감일 것이다.

동시에 도미니카 공화국은 미국, 중미 및 카리브 지역 국가들과 무역협정을 체결하여 많은 우리 농산물들이 수출될 수 있도록 하였다.

한편 도미니카 공화국과 베네수엘라는 Petrocaribe 협정을 체결하여 도미니카 공화국 석유 수요의 50%를 베네수엘라로부터 충족시키고 있는데 이를 금액으로 환산하면 50억 달러에 이른다.

그 중 약 20억 달러가 현재 매년 상품 또는 서비스로 결제되고 있으나, 인터넷 매체에 따르면 2004년과 2008년 기간 동안에 석유 수입 증가 비율이 1,808퍼센트에 달하는 것으로 나타났다.

만약 도미니카 공화국이 흑강낭콩을 생산할 수 있는 기술을 한국으로부터 도입할 수 있다면 베네수엘라와의 채무를 상당 부분 변제할 수 있을 것이다. 베네수엘라는 이 식물 소비량의 8퍼센트만을 자체 생산하고 있다. 나머지 92퍼센트는 수입을 통해 충족한다.

베네수엘라는 흑강남콩 생산에 필요한 경제적 여건이 불비하여 생산지역 확충사업이 틀림없이 어려울 것이다.(67쪽 1행) 도미니카 공화국 종자 생산자 협회 회장 Elio Rodríguez 씨의 평가에 따르면 베네수엘라의 흑강낭콩 재배면적은 8,000헥타르이며 자급자족을 위해서는 100,000헥타르까지 필요하다고 한다.

이것이 의미하는 것은 베네수엘라는 연간 소비량의 8퍼센트만을 생산하고 있다는 것이다. 연간 수확량은 9600톤이고 헥타르 당 평균 1,200킬로그램의 생산성을 기록한다.

Diario Libre 일간지가 배포하고 뉴스보도 매체인 DR News가 2008년 7월 8일, 영어로 번역한 경쟁력 제고 위원회와 미주농업협력연구원(Instituto Interamericano para la Cooperacíón en la Agricultura)의 정보에 의하면 수출잠재력이 높은 도미니카 공화국의 농산물은 다음과 같다:

－망고
－아보카도
－카카오
－양파
－마늘
－육류
－바나나
－아시아 채소
－우유
－계육

영어로 작성된 이 보고서를 유갑희 차장에게 직접 전달하여 각 생산품들을 재배하기 좋은 적절한 기술에 대하여 검토해 줄 것을 요청하였다.

농촌진흥청 차장은 전혜경 연구정책국장과 함께 이 사안을 기록 보관하면서 관심을 보여주었다.

나는 이 두 사람에게 한국의 기술과 협력만 있다면 도미니카 공화국도 국내 소비와 베네수엘라를 포함하는 인근 시장에 대한 수출 물량을 충족시킬 수 있게 하는 녹색혁명을 창출할 수 있을 것이라고 설명했다.

베네수엘라가 소비하는 흑강낭콩에 대한 분석을 요청하면서 다양한 품종에 관한 정보도 사본으로 전달했다.

도미니카 공화국의 한 입법가는 농촌은 매우 중요한 세 가지 요소가 필요하다고 했다. 즉, 공공정책, 금융지원 확대, 농업에 대한 자본투자의 보장이다. 농촌진흥청을 통해서 한국은 적어도 위의 세 요소 가운데 두 개는 지원할 준비가 되어있을 수 있다.

한국엔 재원과 기술이 있으므로 San Juan de la Maguana에서 다음과 같은 선언이 발표되는 상황은 없을 것이다: "아홉 개 남부지방 소속 50여 개의 농민 및 농기계 협회는 즉각적인 조치가 취해지지 않으면 지역 농업생산이 단시일에 붕괴할 것이라는 것을 경고하였다"

Fernández 대통령과 서울 공관

우연의 일치라고 할까. 2008년 7월 10일 목요일 오후 7시 30분에서 9시 20분까지 Leonel Fernández 대통령은 국내외 언론과 기자회견을 가졌고 회견이 끝날 때 쯤 서울의 도미니카 공화국 대사관은 농촌진흥청과의 회의를 시작하고 있었다. 얼마나 신기한 일인가!

Fernández 대통령은 2008년 7월 열리는 다음 Petrocaribe 정상회의에서 Ugo Chávez 베네수엘라 대통령에게 하루 5만 배럴씩의 석유를 수입할 것을 제의할 것이라는 것과 협정을 통해 베네수엘라 국영 석유공사 PDVSA와 손잡고 새로운 정유공장을 국내에 건설할 것임을 발표했다.

그리고 한국시간으로 7월 11일 금요일 오전 10시(도미니카 공화국 시각으로 목요일 저녁 9시) 바로 그 시각에 우리는 베네수엘라의 Phaseolus Vulgaris(베네수엘라 흑강낭콩의 학명)를 분석하여 베네수엘라로부터 들여오는 수입 석유에 대하여 현물로 보상할 수 있도록 종자의 생산성과 경쟁력 제고를 위한 한국 최고의 기술 개발 가능성을 모색해 주도록 제안하고 있었다. 정말로 기막힌 우연의 일치가 아닐 수 없다.

농촌진흥청의 시설

훌륭하게 설계된 기관으로써 농촌진흥청은 다음과 같은 부속 기관을 두고 있다:

- 박물관: 고대로부터 현대에 이르기까지 한국 농업 발전상을 설명해주는 사진, 문서 및 안내서를 갖춘 전시공간이다. 통로에는 수십 명의 어린이들이 선생님들의 지도 하에 견학을 하고 있었고 식물, 식품생산 및 가축 기르기 등에 대해 학습하고 있었다.
- 유전자은행: 농촌진흥청은 동식물 복제 기술을 보유하고 있다. 유전자 조작을 통해서 병충해에 강하고 토양적 응력이 뛰어난 질 좋고 생산성이 높은 품종개발이 가능하다. 이러한 우량 세포와 품종의 시료들은 최저 영하 150도의 온도로 보존된다.

- 종자은행: 종자은행은 세계에서 가장 현대적인 것으로 수백만 개에 달하는 다양한 종류의 식물 종자 샘플을 4도 정도의 기온에서 안정적으로 보존한다. 심지어 다른 국가들은 한국의 종자은행에 다양한 씨앗을 보내어 자연 재해와 같이 예측이 불가능한 상황에 대비하기도 하는데 미얀마, 필리핀 및 다른 아시아 국가들을 예로 들 수 있겠다.
- 원예연구소: 이곳에서 우리는 수분과 영양분을 적절히 공급하는 수분조절 과정을 거쳐 양질의 채소, 꽃 등을 생산하는 과정을 볼 수 있었다. 다양한 품종과 색상의 선인장들이 매우 인상적이었다.

금융지원

도미니카 공화국의 농목축업이 안고 있는 고질적인 문제 가운데 하나는 자금지원 문제다.

우리나라 농목축업의 활성화를 위해서 연금기금을 사용해야 한다고 제안하는 사람들도 있다.(참고: Pablo Yarull, 2008년 7월 12일 Hoy)

2008년 8월 16일 취임연설에서 Leonel Fernández 대통령은 재무부 장관에게 연금기금 가운데 70억 페소를 시장금리를 보장하는 농목축업 대출 자금으로 사용하도록 지시했다.

한국은 우리나라 농업부문의 개선을 위해 금융지원을 제

농촌진흥청 비닐하우스에서 아름다운 선인장이 재배되고 있다.

공할 수 있다. 국제협력단과 BID-Korea 기금을 통해 제공 가능한 무상지원 자금도 있다. 농촌진흥청 재원도 도미니카 공화국 정부가 한국의 농림수산식품부의 경로를 통해 신청하면 사용 가능하다.

그리고 또한 수출입은행의 'Two Step Loan' 금융지원 방법도 있는 데 이 기금은 현지 은행의 보증 절차가 완료된 후 한국은행이 한국기술 사용 조건으로 농업부문 자금지원용 차관선을 제공하게 해주는 제도이다.

"수출입은행이 도미니카 공화국 중앙은행에 3000만 달러의 차관선을 제공한 사실을 기억해야 한다."

이것은 한국의 KDI가 2008년 9월 말 개최한 수출전략 수립을 위한 세미나에 참석하기 위해 Temístocles Montás를 대표로 하여 최근 한국을 찾은 도미니카 공화국 사절단이 달성한 성과이다.

앞서 언급된 어느 방식을 통해서라도 우리나라의 농업부문 생산성제고를 위한 기술 개발을 위해 필요한 금융지원을 이끌어 낼 수 있다.

제도적인 지원과 공공정책

이러한 구상들을 시행하기 위해서 요구되는 것은 공공부문과 민간부문의 제도적인 지원이다.

도미니카 공화국 대통령이 농목축업 종사자들과 만남을 가져야 할 필요성이 여기에 있다고 보아도 좋을 것이다.

"Leonel Fernández 대통령은 2008년 7월 8일 수요일 위원회를 발족하여 도미니카 공화국 농업-기업 평의회(Junta Agro-Empresarial Dominicana(JAD)가 높은 생산비용으로 인해 야기된 농업위기를 극복하기 위해 실시한 제안을 연구 검토하도록 하였다"

대통령과 농업-기업 그룹 간의 회의가 끝나고 정부청사 Orlando Martínez 홀에서 개최된 기자회견을 통해 농업부장관 Salvador Jiménez는 농업-기업 평의회 회장과 함께 이러한 내용을 발표했다.

마찬가지로 식량안보이사회(Consejo para la Seguridad Alimentaria)도 우리나라의 모든 국민들이 충분하고 안정적으로 양질의 식품을 저렴한 가격으로 공급받을 수 있도록 하는 정책개발을 최단기간 내에 설계하고 제시할 수 있도록 하기 위해 활동하고 있다.

농업부장관은 농업부가 세계적으로 확산되는 식량부족사태에 대처하기 위해 단기, 중기 및 장기적인 대안을 시급히 정부에 제시해야 할 것이라고 지적했다.

필자는 전문가는 아니지만 농촌진흥청을 방문하여 듣게 된 기술적인 설명에 비추어보면 한국과 도미니카 공화국 간에 농업부문 관련 연구센터의 창설이 중요할 것이라고 생각하게 되었다.

이를 위해서는 무엇보다 도미니카 공화국의 농업부와 한국 농촌진흥청의 양해각서 체결이 필수적이다.

연구프로그램

배와 사과를 비롯하여, 모든 종류의 채소, 꽃, 소와 돼지 그리고 다른 많은 식품에 이르기까지 생산품의 수량과 품질, 포장, 프리젠테이션 등 모든 요소가 경쟁력을 갖추도록 전문적인 기술지원을 제공받는다.

한국의 배 또는 사과의 맛은 정말 뛰어나다. 버섯은 영양가가 매우 높다. 아시아에서 이 식물이 전통먹거리로 중요한 자리를 차지하고 있으며 다양한 품종의 생산과 개발 기술이 괄목할만한 발전을 이룩하고 있다는 것을 눈으로 볼 수 있었다.

농촌진흥청은 정부산하기관으로써 농업연구와 기술개발을 담당하고 민간부문이 보통 다루지 않는 사업, 예를 들어 재배식물의 개량, 토양관리, 작물의 보호, 지속가능한 농업 등의 부문으로 나누어 국가차원의 연구프로그램을 실시하고 있다.

환경보호와 식품의 안전성을 장려하는 생산 및 기술제도에 많은 관심을 기울여 왔다. 또한 필수 식품의 자급을 달성하기 위해 첨단 바이오공학을 포함하는 핵심기술 개발을 위해 노력하고 있다.

농촌진흥청은 다음과 같은 국가 전역의 유관기관들과 긴밀한 관계를 유지하고 있다. Servicios Provinciales de Investigación y Educación Agrícola, Servicios Metropolitanos de Extensión, Centros de Extensión Rural Municipales y Nacionales, Oficina de Consultoría para Agricultores y Estaciones Regionales de Experimentación a nivel nacional.

첨단기술구현

유전자 변형(조직 배양, 세포융합, 세포핵 이동과 복제)과 같은 첨단기술을 농업과 목축업에 도입하여 수확량 확대와 동물 품종 개선 등을 위해 광범위하게 사용한다. 이러한 의미에서 'Biogreen 21' 사업은 획기적인 시도로 평가되고 있고 이 노력에 부응하기 위해 14만 개의 샘플을 갖춘 국립유전자은행이 농촌진흥청의 지도하에 설립되었다.

친환경 농업의 추진

환경 또는 지속가능한 농업을 존중하는 농사활동은 건강

에 이롭고 생산성이 높은 식량을 생산하며 환경을 보존해 준다. 그리고 이 목표는 기술개발의 최우선적인 가치가 된다. 농촌진흥청은 친환경 농업에 관한 다양한 연구 조사 프로젝트를 수행하고 있다.

강도 높은 농촌진흥청의 연구 범위는 다양한 종류의 작물과 토양을 고려하는 비료 사용의 최적화를 법률적으로 어떻게 규정해야 하는가라는 문제, 그리고 동물성 오폐물의 재활용, 통합적인 병충해 및 영양소 관리에 관한 법규 개발을 포함한다. 이미 오염되거나 황폐화된 농작물과 농지의 평가 및 재생 기법들도 실행되어왔다.

부작용을 최소화하기 위해 천연물질로 제조되는 살충제가 개발되고 있으며 병충해의 천적을 이용하는 방법도 추진되고 있다. 병충해의 효과적인 통제를 위해 적합한 시기에 발동되는 경보와 정보를 제공하기 위해 병충해 감독과 정보제공을 담당하는 정부 기관이 출범하였다. 예를 들어 논에서 오리를 사육함으로써 논에 유기농 비료를 만들어내고 병충해를 제거하고 있다.

고품질 쌀의 안정적인 생산

쌀의 생산량 확대뿐만 아니라 품질개선을 위해서 벼 재배에 정책의 최우선을 두고 있다. 생산성 높은 새로운 품종들이 지속적으로 개발되고 사용되어왔다.

생산비용을 낮추기 위해 모심기와 직파 기술 등 다양한 수확기술이 도입되었다. 벼농사의 완전한 기계화도 달성되었다.

원예

연구를 통하여 채소와 야채를 연중 생산할 수 있도록 해주는 목표를 추진 중에 있다. 현재 대량생산, 식물의 관리, 수중재배법(hydroponics), 시장의 반응 등에 관해 필요한 기술 연구가 실시되고 있다.

과실 생산 연구의 목표는 재배기간의 단축과 재배 인력의 감소 등의 효과를 발생시키는 다양한 작물과 기술의 개발을 통한 양질의 품종 개발이고 동시에 과실 수확 기술과 수확 후 보관 기술도 연구되고 있다. 마찬가지로 화훼재배와 국제시장에서 판매할 목적으로 장식용 관상수의 개발, 그리고 다양한 선인장의 개발 등을 연구하고 있다. 이를 위해 수출용 화훼와 장식용 꽃 들을 전문적으로 재배하는 화훼단지 설립이 추진되고 있다.

축산업과 양잠업

고품질 육류의 대량생산을 위해 순수 토종 한우에 대한 연구가 우선적으로 실시되었고, 젖소에 관한 연구는 생산성 제고를 목표로 실행되었다.

또한 수출 기준을 충족시키는 돼지 사육과 양질의 조류를 얻기 위한 조류생산제도에 관한 연구도 실시되고 있다. 농촌진흥청은 돼지와 소의 복제에 성공을 거둠으로써 주목을 끌었다.

동물축사시설의 현대화에도 많은 노력을 기울여 오물 처리와 환경오염 예방 수준을 개선하였다.

질병의 확산을 예방하기 위해 전염병에 관한 정보가 목축 관련 종사자들에게 신속하게 제공되고 있다.

양잠업 연구의 목표는 생산비용 절감과 인건비 감소를 발생시키는 기술 개발이다. 당뇨병 치료물질과 같은 기능성 물질을 함유하는 누에고치와 'cordyceps(곤충의 유충을 기생시키는 의학용 버섯)'와 관련된 많은 제품들이 개발 중이고 대량생산도 연구되고 있다. 곤충을 효과적으로 사용하는 기법에도 연구의 주안점을 두고 있다.

농기계와 장비

주요 농목축 활동의 기계화는 농업기계화 연구의 핵심적인 목표이다.

현지 사정에 맞고 생산자들이 저렴하게 구입할 수 있는 많은 유형의 기계류가 벼농사는 물론 야채, 채소 및 축산제품 생산을 위해 개발되고 있다. 기계류의 개발에 필요한 전자기기 운용과 같은 첨단 기술은 농촌진흥청에 의해 강도 높게 사용되고 있다.

곡물 생산 지역에 양질의 기계류 공급을 장려하고 보장하기 위해 제품의 작동과 운용에 대한 엄격하고 완벽한 검사가 이루어지고 있다. 원거리 농촌지역을 위해 농촌진흥청 전문가들과 엔지니어의 장비들을 위원회 별로 분류해서 현지로 보내고 있으며 정기 점검 서비스와 기계의 올바른 사용법을 교육하기 위해 순회서비스도 제공한다.

살충제 사용과 관련해서는 엄격한 법규가 적용되어 식품의 안전과 환경보전이 위협받지 않도록 하고 있다. 살충제연구의 목표는 환경에 해가 없는 제조법 개발과 미생물, 식물 또는 천적을 이용하는 천연 살충제의 개발인데 이들은 화학물질이 인체와 환경에 미치는 부작용을 줄여줄 수 있다.

2008년 8월 16일 이러한 제안을 보고 받은 며칠 후 도미니카 공화국 대통령은 새롭고 현대적인 농업 생산 기술의 도입이 중요하다는 사실을 연설을 통해 인정한 바 있다.

그리고 연설 종반부에 이렇게 말했다: "경작지 별로 생산성을 높이고 생산 비용을 절감하며 현대적 기술 개발에 힘쓰며 종자 개량, 에너지와 물, 비료의 효과적인 사용 그리고 냉장, 포장, 보관 유통망 등을 통해 수확 후의 손실을 줄일 수 있도록 해야 합니다"(http://www.presidencia.gob.do)

한국식품연구원과의 협정

2007년에 도미니카 공화국의 CEI 원장은 농업발전전략의 일환으로 수출용 상품의 품질관리시스템을 현대화하고 수입상품과 생필품의 품질관리도 개선하기 위해 하나의 문서에 서명했다.

Eddy Martínez 원장은 도미니카 공화국 사절단 대표들이 참석한 가운데 한국식품연구원(Korea Food Research Institute, http://www.kfri.re.kr)과 협정을 체결했다.

한국식품연구원과의 협력은 수출 상품의 프리젠테이션과

보존 및 포장 품질 개선에 기여할 것이며 우리 상품들이 한국 시장에 보다 쉽게 반입되고 선진 국가들의 품질 수준을 요구하는 다른 시장에의 수출도 용이하게 해 줄 것이다.

이 협정을 통해 CEI-RD는 상공업 품질관리과와 생물기술 연구원(Instituto de Biotecnología y la Dirección de Control de Calidad de Industria y Comercio)의 조정기관으로써 도미니카 공화국에 수입되는 상품들의 품질관리와 물, 치약 등 생필품의 품질관리도 개선할 수 있도록 기능할 수 있을 것이다.

이미 과거에 도미니카 공화국의 품질관리제도를 강화할 필요성이 있다는 인식 하에 우리 대사관은 관련 협정 체결을 모색하고 있었다.

2005년 5월 상공부 장관실을 방문하여 한국이 여러 분야 가운데 특히 품질관리 부문에서 협력할 부분이 많다는 사실을 설명하였다.

2005년 5월 Marcelo Puello 차관이 당시 상공부장관에게 제출한 보고서에서 대외무역 분석가들은 이렇게 평했다: "도미니카 공화국의 식품가공과 품질관리라는 측면에서 볼 때 한국이 국제사회에서 성공적으로 경쟁할 수 있는 우수한 품질의 제품을 생산할 수 있다는 점에서 현대적이고 국제적인 기준을 충족시키는 제도를 갖추고 있다고 여겨지며 우리나라는 한국으로부터 기술 자문을 받을 필요가 있다."

CEI-RD와 한국식품연구원이 체결한 협정은 국제 품질 기준에 맞는 도미니카 공화국 품질관리 제도와 절차를 강화하는 데 기여하게 될 것이다. 한국식품연구원은 농산물의 국제화 그리고, 포도주스, 알로에, 카카오, 생강 및 기타 식품의 수확에

농업생산성 부문에서 한국이 세계 5위를 차지하는데 기여한 정부관계자가 우리 대표단을 영접하고 있다.

도 기여하게 될 것이다.

그리고 어떻게 상품을 포장하고 소개할 수 있는지에 대해 자문해 줄 수 있다.

이 기관은 필리핀, 말레이시아 태국 등 다른 아시아 국가들과도 협력협정을 체결하여 동 국가들 농산물의 한국 시장 진입을 용이하게 하고 있다. 이번 협정은 한국이 중미 및 카리브 지역 국가와 체결하는 첫 번째 협정이다.

생명공학기술 협정

도미니카 공화국 사이버파크 Eddy Martínez 회장은 한국 바이오벤처협회(Korea Bio-Venture Association)와 한국의 생명공학기술 기업들이 도미니카 공화국에 투자와 무역을 확대해 줄 것을 목표로 하는 협력협정을 체결하였다. 이 협정의 한국 측 서명자는 박종세 회장이었으며 양해각서 내용으로 양국 기업과 생명공학기술 산업 기관들 간의 정보교환과 협력이 담겨져 있었다.

또한 양 측은 공동연구와 공동세미나 개최에 함께 노력하기로 약속했다.

사이버파크는 한국바이오벤처협회에게 회원사들이 투자 타당성 조사를 위해 도미니카 공화국 방문을 계획할 경우 필요한 정보를 제공할 것을 약속했다.

이 협정의 중요성은 바이오 기술 부문에서 한국기업들이 도미니카 공화국 특히 Tecnology Park에 투자할 수 있는 기반을 마련했다는 사실에 있다.

한국바이오벤처협회는 Tecnology Park 회장에게 어떤 부문부터 투자를 할 수 있을지에 관하여 정보를 요청했다.

제5장 연구와 교육

연구와 교육

도미니카 공화국과 협력협정을 체결한 한국과학기술원(KIST)을 방문해서 연구와 교육이 한국경제 도약에 결정적인

어릴 적부터 한국의 어린이들은 글을 읽는 즐거움을 장려하는 분위기에서 학교 교육을 준비한다.

요인이었다는 인상을 받았다.

1960년대에 한국은 미국으로부터 100만 달러의 연구 목적 차관을 들여왔다. 그때부터 산업 발전에 직접적으로 관련되는 지식의 확산이 시작되었다.

산업부문 팽창은 연구 및 교육과 밀접한 관계에 있다.

예를 들어 한국의 학교와 산업은 서로 협력관계를 유지한다.

그래서 교육과정은 산업의 인력수요를 반영한다. 대학졸업자, 기술자 및 일자리를 찾는 전문인력의 수는 상관관계에 있다. 2001년 취업률은 81%였다.

발전의 근간으로서의 경쟁력

시장에 뛰어든 지 5년이 채 안되어 한국에서 높은 품질 수준뿐만 아니라 미국, 일본, 뉴질랜드, 중국, 독일 그리고 다른 나라에까지 사업을 확장하며 수많은 상을 수상한 미용제품 제조 기업이 지켰던 핵심 원칙은 다음과 같다:

1) 고객의 101퍼센트 품질 만족
2) 경쟁력을 요구하는 글로벌 사회에 대비하는 경영
3) 투자와 경영의 투명성 제고를 지향하는 미래

이 기업 사장의 연설을 읽고 회사 홈페이지를 검색해 보면 미용제품 생산을 위한 지구상의 가장 진보된 기술이 총망라되어 있다는 것을 쉽게 확인할 수 있다. 천연재료를 이용하는 이 회사는 자사의 제품을 통해 혈액순환을 돕고 노화를 지연시키기 위해 최선을 다한다. 세계화된 현대사회가 필요로 하는 마케팅과 현대경영에 맞춘 종합적인 연구의 결실이다.

이 사례는 경쟁력이야말로 발전을 위한 기본적인 요소가 된다는 것을 보여준다.

도미니카 공화국의 산업계는 총체적인 경쟁력 제고를 달성하고 국제시장에 진입하기 위해서 보다 많은 인센티브를 제공해야한다. 하지만 여기서 우리는 오늘날 경쟁이 치열한 글로벌 사회에 맞는 현대경영을 통해서 얼마나 많은 기업들이 제품과 시장에 대한 연구를 실행하고 있는가라는 질문을 던지게 된다.

세제지원과 통화정책 그리고 다른 장려책이 없어서 경쟁력이 강화되지 않는 것처럼 불평하는 사람들이 있다. 물론 그런 영향이 있을 수 있다. 전기료와 안정적인 전기 공급도 틀림없이 중요하다. 그리고 관세도 영향을 미친다. 그런데 논의의 초점은 이 문제가 아니다.

> "현재 더욱 필요한 것은 우리 도미니카 공화국 상품들이 더욱 경쟁력을 갖추고 수출에 적합하도록 생산 과정에서 보다 현대화된 기술과 연구이다."

어느 곳보다 여기에 발전을 가로막는 문제가 뿌리를 내리고 있다. 창의성, 천연자원을 이용하는 기술, 효율적이고 신속하며 글로벌 세계에 맞는 선진 경영을 방해하는 것이 기술과 연구의 부재라는 점이다.

한국에서는 연구와 바이오기술이 경제발전에서 가장 중요한 위치를 차지하여 국가는 정책적으로 민간부문이 신기술을 개발하는데 지원을 아끼지 않으며 성과는 공공부문과 민간부문이 공유한다. 이른바 '윈윈전략'을 실행하고 있다. 기업이 수출하면 국가는 세금을 더 걷을 수 있고 국가경제는 일자리 창출, 수요 및 소비증가 등의 수혜를 입게 된다.

알로에

한국에서 필자의 주목을 끈 것은 한국인들이 건강음료를 좋아하는 경향이 있다는 것이다. 예를 들어 사빌라에서 추출한 알로에는 청량음료로써 생활을 통해 일상적으로 소비되고 있다. 영양을 고려하지 않은 음료나 탄산음료의 소비문화는 거의 없다. 전 세계적으로 유명한 음료회사의 어느 임원이 나와 오찬을 함께 하면서 매출이 적어 매각을 진행 중이라고 내게 말한 사실이 그 증거이다. 겨우 물을 판매하면서 경영을 꾸려가고 있다고도 말했다.

2005년 필자는 한국의 농협(National Agriculture Cooperative Federation: http://www.nonghyub.com) 지도자들과 만날 기회가 있었고 그 자리에서 그들은 도미니카 공화국에서 액체 상태로 뿐만 아니라 몸과 얼굴에 사용 가능한 형태의 알로에 베라를 생산하기 위해 사빌라(Sábila) 풀을 산업화하는 데에 큰 관심을 보였다.

하지만 나는 그들에게 도미니카 공화국의 농업경쟁력 제고를 위한 연수와 미국 특히 미국의 동부지역에 있는 시장에 우리 농산물을 수출할 수 있도록 교육프로그램에 관심을 가져 주도록 유도하였다.

외교부를 통해서 그 제안을 도미니카 공화국 개발원(Instituto de Desarrollo Cooperativo)에 전달했고 공공 농업 부문의 대표자들에게도 알렸지만 후속절차가 이어지지 않았다.

몇 년이 지난 최근에 필자는 도미니카 공화국 수출 투자 센터(Centro de Exportaciones e Inversiones)가 수행한 사빌라와 알로에 베라에 관한 프로파일을 발견할 수 있었다. 이 문서에는 Montecristy, Guayubín 그리고 Villa Vásquez 지역의 알로에 잠재 생산능력을 기술하고 있었다. 또한 이미 우리나라에서 알로에를 생산하기 위한 천연자원을 수입하는 미국회사가 있다고 언급하고 있다. 그 연구결과에 따르면 알로에는 비타민뿐만 아니라 피부와 얼굴미용을 돕는 효과를 가진 기적의 식물이라고 알려져 있다.

이것이 말해주는 것은 비록 우리가 천연자원과 원자재가 있다고 하더라도 성공을 거두기 위한 의지와 기술이 부족하다는 것이다.

연구지원

긴 머리와 큰 안경을 써서 그런지 학자라기보다는 예술가의 모습을 보였던 조용원 씨는 가끔 한 편의 논문을 쓰곤 한다. 그는 한국 최고의 학자에게 수여하는 상을 받으며 아내에게 감사의 말을 전했다. 계속해서 그는 그의 상을 수상식장 어디선가 자고 있었던 것이 틀림없는 다섯 살 또는 여섯 살 되어 보이는 딸에게 바쳤고 경제위기속에서도 지난 9년 동안 자신의 연구를 지원해 준 한국정부에게 감사하다고 했다.

그리고 그가 자신의 상을 어머니에게 헌정할 때 드라마틱한 분위기가 연출되었다: 그의 목소리는 떨리기 시작했고 음조가 바뀌고 사람들은 그의 말을 알아듣기 힘들었다. 아들이 그

책 박람회는 한국의 어린이들에게 아동문학을 접할 수 있게 한다.

토록 힘들게 고생하고 헌신하여 받게 된 아마도 한국최고 학자의 수상장면을 볼 수 없게 된 돌아가신 아버지께 상을 헌정한다고 했을 때 그는 말을 삼키며 울기 시작했다.

그가 말을 마쳤을 땐 나도 눈물이 났지만 나 혼자 운 것이 아니라는 것을 알게 되었다. 주변을 돌아보니 여러 한국 사람들이 손수건을 꺼내 눈가의 눈물을 소리 없이 닦았다. 그리고 내 옆에 앉아있던 임원은 손수건도 사용하지 않고 눈물을 흘렸다.

이 이야기는 호암재단이 주최한 2006 호암상 수상식 이야기다. 한국의 여자 국무총리는 그 상은 한국의 노벨상이라고 했다. 이 상은 1990년에 삼성 이건희 회장이 제정하여 과학, 학술, 예술 그리고 한국사회와 지역사회의 발전에 기여한 사람들에게 수여된다.

수상의 영예를 안은 과학자는 면역체계와 인체의 골격의

관계를 파악하는 연구를 수행한 결과 관절염, 류머티스, 골암 치료에 사용되는 의약품 개발을 가능하게 하는 세포 단백질을 규명했다.

김기문 교수는 초분자화학에서의 업적을 인정받았고 신강근 교수는 컴퓨터와 로봇학 분야연구 가운데 Cell Communication 속도 발전 공로로 그리고 작가 박완서 씨는 소설로 윤기근 씨는 지역사회 봉사 업적으로 각각 상을 수상했다.

이 행사가 끝나고 가벼운 식사 모임이 있었는데 그 자리엔 국무총리뿐만 아니라 대한민국 최대 기업이자 세계 유수 기업 가운데 하나인 삼성그룹 이건희 회장도 참석하고 있었다는 것을 알게 되었다.

수상식에서 내가 단번에 깨달은 가장 중요한 사실은 한국의 R&D 수준이었고 또한 국가발전, 수출 및 산업 생산의 증대와 개선의 핵심 축으로써 R&D를 지원하기 위해 국가가 어떻게 막대한 재원과 장려수단을 사용하고 있는가하는 점이었다.

> "미주기구 사무총장 José Miguel Insulza는 모든 중남미 국가들과 카리브지역 국가들은 한 해에 110억 불의 기술 투자를 하는데 아시아의 일 개 국가인 한국은 매년 기술 개발에 120억 불을 투자한다고 밝혔다."

이 행사에서 미주기구 사무총장은 중남미 국가들의 교육 발전과 경제적 생산능력을 제고하기 위해서는 공공부문과 민간부문이 보다 통합적으로 움직여야 한다고 권장했다.

한국의 경우 국가는 R&D를 민간부문 발전을 촉진하기 위한 도구로 사용하고 있다. 공공부문은 필요할 경우 민간부문의 발전을 위한 연구를 통해서 기회의 장을 마련하고 있다.

교육과 인적자원

한국에 있어서 교육은 발전 과정의 핵심이다. 과거 국제원조에 의존하던 시절부터 현재의 후진국을 지원하는 나라로 변모할 때까지 한국사회의 변화를 이해하기 위해서 핵심적인 요인이 되는 것이 바로 교육이다.

한국교육개발원(KEDI)은 35주년 기념식에 필자를 초청했다. 기념식에 참석해서 고형일 원장과 함께 케익 커팅을 했다.

그날 교육의 품질과 아시아 교육의 가치를 강화하기 위하여 아시아의 다양한 교육기관들 간에 유대관계를 맺기 위한 목적으로 서울교육선언이 작성 발표되었다.

하지만 한국교육개발원은 아시아 국가들과만 협력하는 것이 아니라 다른 대륙 국가들과도 경험을 공유하는데 개방적이다.

디지털혁명, 경쟁력 그리고 민간부문

그 행사가 있던 날 도미니카 공화국의 언론은 Santiago에서 Leonel Fernández 대통령이 교육발전의 근간이 되는 디지털혁명에 대해 강연한 내용을 발표했다.

Fernández 대통령은 3년 동안의 집권 기간 동안 교육투자 규모를 세배로 늘렸다. 그는 2004년 8월 16일 취임했을 때 교육예산이 140억 페소였고 2007년에는 이 액수가 세배로 늘었다고 밝혔다.

국가 원수로서 Fernández 대통령은 교육 재원을 확대해야 할 필요성을 인식하고 있었지만 이를 이행하지 못했다면 그것은 이전 정부로부터 물려받은 650억 페소에 해당하는 국내외 채무 변제 때문이라는 점을 인식하고 있었다.

대통령은 교육발전을 위한 디지털 시대를 실기 한다면 가난을 퇴치할 방법이 없다고 믿고 있다.

이러한 의미에서 도미니카 공화국의 기업인들에게 국내에서 사용되는 프로그램을 수입하지 않도록 하기 위해 도미니카 공화국에서 컴퓨터 프로그램을 만들어 낼 것을 내용으로 하는 연구과제를 지시했다.

며칠 전 도미니카 공화국 자유무역지대협회(Adozona) 회장은 도미니카 공화국은 국제시장에서의 경쟁력 제고를 위해 자국 통화의 평가절하를 심각하게 고려해야 할 것이라고 밝혔다.

환율과 연동된 경제를 갖고 있는 주변 국가들과 비교를 하면서 그는 무역거래를 통해 외화를 소비하는 기업인들은 경쟁력 부족의 문제를 안고 있으며 국제시장에 참여하기 힘들다고 말한다.

최근 임명된 상공부 장관이 참석한 자리에서 국가전문기술연구원(Instituto Nacional Técnico Profesional(Infotep)과 공동으로 실시한 프로젝트를 수행하기 위해 자신의 기업에 고용한 143만 명의 근로자 임명식에서 그러한 의견을 피력했다.

Adozna의 회장은 거시경제 같은 대외 부문 요인들을 통제할 수는 없지만 자유무역지대의 기업들은 품질과 생산성 관련 내부 작업과정을 개선하기 위해 전문 인력을 교육하고 있다고 말했다. “나는 민간부문이 모든 의미에서 정부보다는 더 효율적이라고 확신합니다"라고 그는 단언했다.

도미니카 공화국의 기업인은 이렇게 정부와 경쟁관계를 만들지만 정말로 경쟁력을 강화해서 우위를 점해야 하는 다른 나라 다른 기업인들과는 경쟁하지 않는다.

그래서 도미니카 공화국, 특히 Santiago에는 수입 컴퓨터 프로그램을 대체할 수 있는 프로그램 생산기업이 열 개, 스무 개 또는 서른 개가 되지 않는다는 대통령의 언급이 매우 정확한 평가인지 모르겠다.

그리고 이러한 유사한 딜레마를 대하면서 자유무역협정 특히 주요 자유무역지대가 요구하는 변화와 경쟁을 고려하는 가장 현실적인 교육정책개발을 위한 연구 및 혁신센터가 있는지를 질문해 보아야 한다.

문제의 핵심은 정부 부문뿐만 아니라 민간부문도 지금부터, 그리고 장기적인 안목을 가지고 진정한 의미에서의 경쟁력을 확보할 수 있는 틈새시장이 어딘지를 파악하기 위해 창의적이고 혁신적인 태도를 견지하며 동시에 연구와 교육에 재원을 투입해야 한다는 사실이다. 그 목표는 국내가 아니라 국제무대에서 다른 나라와 경쟁을 하기 위한 준비를 하는 것이며 우리나라 정부가 아니라 다른 나라 기업인들과 경쟁을 해야 하는 것이다.

도미니카 공화국의 공공부문은 발전과 관련된 연구를 강화하기 위한 견고한 발걸음을 내디뎌왔다. 그리고 우리나라를 기술연구 부문에서 다른 세계 여러 나라와 경쟁할만한 수준으로 부상시키기 위해 '국제연구센터(Centro Internacional de Investigación)', '미주기술연구원(Instituto Tecnológico las Américas)'

설립을 발표한 것은 시의적절하다고 평가할 수 있을 것이다. (Hoy 2007년 3월 7일)

그러나 공공부문과 민간부문 모두 디지털혁명에 진전을 가져오기 위하여 부족한 점이 많다.

> "국가경쟁력이사회(Consejo Nacional de Competitividad) Andrés Vanderhorst 이사장이 밝힌 것처럼 기업인들은 정부에 대한 책임전가를 중지하고 개방경제체제에 대처하기 위하여 신기술을 바탕으로 경쟁력을 증가시켜야 할 것이다."

또 다른 행사에서는 Corripio 그룹 José L. Corripio 회장은 자유무역협정이 국익에 도움이 되고 기업인들에게도 이롭지만 이 협정이 주는 장점을 향유하기 위해서는 자세 변화가 필요하다는 의견을 밝혔다. 그는 말하기를 도미니카 공화국의 단점은 많은 기업인들이 국내시장의 수익성에 익숙해져있는데 이제는 국내시장에서 수출시장 또는 국제시장으로 눈을 돌려야 한다고 했다.

그리고 덧붙여서 오직 연구와 지식의 창출 그리고 그 결과의 이행만이 교육의 구체적인 또 하나의 표현일 것이라고 했다.

일정 시간이 지나서 Ignacio Méndez 산업협회연맹(Federación de Asociaciones Industriales(FAI) 회장은 사고의 전환을 통해 조정하고 공조해야 할 필요성을 강조했다. 그 이유는 공공부문의 변화 속도가 민간부문의 속도를 따르지 못하기 때문이다. 그는 산업장려공사(Corporación de Fomento Industrial)를 주도하는 산업지원이사회(Consejo de Proindustria)의 발전이 도미니카 산업계의 재도약과 변화에 기여할 것이며 인재 교육의 달성은 발전을 지향하는 지름길이라고 확신했다. 산업지원이사회가 도미니카 공화국 산업부문을 변화시킬 것이다.(2008년 2월 8일 금요일, Cándida Acosta, 2/8/2008,www.listindiario.com.do)

연구와 자유무역지대 섬유부문

한국에서는 R & D 그리고 생산성과 경쟁력을 갖춘 능력 있는 인재 배출을 통해서 섬유산업 활성화가 가능했다.

산업연구원 최희선 박사는 '인재육성을 통한 섬유산업 활성화'라는 산업연구원 학술논문을 통해 이 문제를 제기했다.

중국과 같은 주요 경쟁국들의 성장에 대처하고 생산비용의 증가와 유가상승의 현실 속에서 한국의 섬유산업계는 새로운 제품라인을 기반으로 차별화된 시장 개발 노력을 하고 있다.

그리고 한국 정부가 매우 유용한 정책을 개발했다고 사람들은 말한다. 신제품 개발을 위한 노력이 매우 중요했다는 지적도 있었다. 하지만 중국과 인도가 여전히 저렴한 노동비용이라는 경쟁력을 갖추고 있어서 한국은 원가를 다시 개편하고 새로운 시장을 발굴해야 하는 점도 간과하지 않았다.

한국의 기업 지도자들은 공공부문이 영화와 IT 같은 새로운 첨단기술을 요하는 제품을 생산할 섬유산업 육성을 크게 도울 수 있을 것이라고 인식하고 있다.

한국에는 비록 2000년부터 섬유업계의 생산이 감소하고 일자리가 줄어도 공공부문에 책임을 전가하는 일이 없다. 관련 저명 잡지에 따르면 일자리가 2000년부터 2003년까지 393,795

개에서 329,214개로 줄어들었다.

경찰대학

한국 경찰대학은 '조국, 정의, 명예'라는 교훈으로 1979년 설립되었다. 뒤를 이어 경찰수사연구원이 설립되었다. 많은 졸업생들이 배출되어 한국 경찰의 다양한 요직을 차지하고 있다.

대학시설은 강의실, 훈련센터 등 55개의 교실로 구성되어 있다. 재학생용 시청각교육센터와 기숙사 등의 건물을 갖추고 있고 도서관, 스포츠 시설, 훈련 및 예술 문화 공연을 위한 강당도 보유하고 있다.

경찰대학의 교육 체계는 기본과정으로 윤리, 역사, 스포츠, 인문과학, 사회과학, 영어 및 기타외국어로 구성 되어있다. 기초과정은 법률, 공공행정 및 경찰학을 포함하기도 한다.

기본과정의 85 학점을 이수하고 나면 다음 단계인 세부전공 과정으로 넘어가는데 여기서 범죄수사와 공공행정을 공부한다.

범죄수사 부문에서는 경찰법과 범죄수사 그리고 공공행정에 대해 상세히 학습하고 공공질서 경찰 행정 등 다양한 주제를 분석한다. 이 전공과목들은 선택과목 그리고 무술과 같은 일부 필수과목들과 함께 수강한다.

졸업을 위해 태권도, 합기도 유도 또는 검도에서 검은 띠가 되는 것이 의무적이며 이외에도 기본적인 영어, 제2외국어 지식, 면허증 취득, 수영, 사격 전문가가 되어야 하며 학기당

18시간의 자원봉사 시간을 채워야 한다.

또한 이 대학을 방문하여 사이버테러 또는 사이버범죄 강의실을 들어가 보았는데 여기서는 전자테러 등 모든 종류의 범죄 퇴치를 위해 사용되는 프로그램을 보여주었다. 이 프로그램들은 범인을 찾아내는 일 말고도 어디서 어떻게 범죄가 발생했는지 탐지할 수 있도록 해준다.

한국 국립경찰대학 시설을 돌아보는 것은 흥미롭고 신나는 경험이었다. 무엇보다 경찰들의 임무를 완수하기에 적절한 기술을 갖춘 잘 준비된 전문경찰을 배출하며 안전한 사회를 가능하게 하는 범죄 통제 부문에서 성공적인 참고모델이 된다.

Santiago 자치대학은 Fernández 대통령이 2006년 6월 한국을 방문했을 때 협정을 체결하였다. 하지만 내가 알기로 그때부터 협정의 취지대로 학생 및 교수 교환과 양 대학의 공동연구 등의 목적을 달성하기 위한 차원에서 한국을 찾은 학생이 한 명도 없었다.

"사용하는 언어가 다른 먼 나라의 두 기관이 협력협정을 체결하기란 상상하기 힘들 정도로 어렵다."

함께 할 수 있는 학술행사와 연구 활동은 많다. Santiago 자치대학은 바이오기술 정보통신기술, 전자비즈니스와 전자교육(사이버대학) 등의 부문에서 수준 높은 연구의 장이 될 수 있다.

하지만 이제라도 한국에 학생들을 보내는 문제 그리고 한국 도미니카 공화국 상호투자에 대한 관심을 가져 줄 사람을 확보하기 위한 한국학과의 개설 문제 등을 심각하게 고려해 볼 수 있을 것이다. 또한 어떻게 한국이 미국-중미 자유무역협정(DR-CAFTA)을 활용할 수 있는지를 파악하기 위한 양 대학의 공동연구도 시작할 수 있을 것이다.

끝으로 신임 총장의 부임으로 한국에 대한 Santiago 대학의 새로운 관심이 힘을 얻게 되기를 바랄 뿐이다.

제6장 실용주의, 자유무역 그리고 경쟁력

대외정책의 실용주의는 한국사회의 빠른 변화와 발전을 이해하는데 큰 도움을 주는 또 하나의 개념이다.

한국인들은 자신의 특성과 정체성으로 인하여 혼자 지내거나 고립되는 것을 좋아하지 않는다. 외부 세계에 적극적으로 참여하기를 원하는 것이다. 경쟁은 그들을 매료시킨다.

이데올로기 측면에서 그리고 국제관계에서 실용주의는 한국 경제발전의 중요한 요인이다. 1980년대 대한민국은 이념이 다른 국가들과 수교했다. 정치적, 구조적 차이로 인해 방치되었던 구 사회주의권 국가들과의 관계를 강화했다.

한국은 1992년 대만과 단교하고 중국, 러시아와 외교관계를 수립했다. 그러면서도 현재 대만과는 상당한 규모의 교역관계를 유지하고 있다. 중국과 외교적 관계를 유지하면서도 두 나라와의 관계를 통해 얻어지는 유익한 결과들을 최대한 이용하고 있는데 이것은 추후 상세히 분석하도록 하겠다.

한국은 북한과 함께 1991년 국제연합에 가입해서 대북관계를 성공적으로 수행했다. 한국의 대북관계 정치이념엔 좌익과 우익의 대립 구도가 영향을 미치지 않는다.

비록 정부가 시장과 민간부문을 경제성장의 동력으로 삼고 있지만 대내외 경제관계 법규에서 국가의 역할은 여전히 크다.

실용주의 시대

이명박 대통령은 2008년 2월 25일 취임식에서 한국이 이념의 시대로부터 실용주의 시대로 넘어가고 있다고 말했다. 최근의 한국역사를 새롭게 정의하려는 시도였다.

2007년 12월 19일 선거에서 당선된 이명박 대통령은 외교는 “하나의 정치적 전략에 의존하지 않고 국민이 지지하는 일을 수행하는 것이라고 말하면서 이념이 아닌 국익에 기초한 실용적인 외교가 되어야 한다”고 선언했다.

실용주의를 세계 다른 나라들과 경제 및 외교관계를 이끄는 원동력으로 지지한 것이다.

미국과 아시아 국가들과의 관계 강화 정책을 지지하며 그는 국익과 인류보편의 가치들 사이의 균형이 ‘스마트 외교’를 달성하기 위한 기본이 된다는 것에 동의했다.

그래서 자신의 영문 이름 약자를 따서 만든 ‘MB 독트린’이라고 불리는 자신의 주요 프로그램 속에는 7개 주요 대외정책 사업을 포함시켰을 것이다.

그 사업들은 북한의 비핵화, 개혁개방, 5년 안에 국민소득 3만 달러 달성 등이다. 또한 아시아 국가들과의 관계 강화, 에너지 외교 확대 그리고 상호 시장 개방에 기초하는 한국문화 홍보도 있다.

한국의 신임대통령은 선출 당시 한국사회가 그동안 국제 관계에서 달성한 업적을 인정하는 정책을 취한다. 그 무엇보다도 경제와 대외정책 부문에서 이룩한 그간의 업적을 한국의 국익에 부합하도록 더욱 심화하자는 것이다.

그가 국정운영을 맡은 지 몇 달이 안 되어 미국과의 자유무역협정으로 육류수입결정이 내려지면서 많은 갈등이 나라 안에서 표출되었고 그의 실용주의 정책은 심각한 도전에 부딪혔다.

자유무역정책

한국정부는 새로운 성장 동력을 발굴하기 위한 노력의 일환으로 2007년 말에 15개의 자유무역협정을 체결할 계획을 세웠다.

2006년 3월 30일 외교통상부가 당시 노무현 대통령에게 제출한 연례정책보고서를 통해 이 계획이 공개되었다. 이 계획을 달성하기 위한 목적으로 외교통상부는 2007년까지 전 세계 50개 무역 파트너들과 자유무역협정에 관한 대화를 시작할 것이라고 밝혔다.

정부가 다양한 경로로 추진하고 있는 자유무역협정 정책은 2004년 4월 칠레와 자유무역협정을 처음 체결하게 되면서 탄력을 받게 되었다.

"칠레와의 자유무역협정은 발효 1년 동안 신성장 동력의 잠재력을 보여주었고 우리 시장 개방에 대한 자신감을 불어 넣어 주었을 뿐만 아니라 잠재적인 부작용에 대한 국민의 우려를 불식시켰다"라고 외교통상부의 관계자가 밝혔다.

외교통상부의 자료에 따르면 한국과 칠레의 무역은 2004년 4월부터 2008 2월까지 55퍼센트 증가하여 16억 달러의 규모에 이르렀다. 이 성장률은 같은 기간 한국의 무역규모 증가비율 25퍼센트의 두 배이다.

국내총생산의 70퍼센트를 수출에 의존하는 나라의 경제성장을 위해서는 무역확대가 결정적이기 때문에 자유무역협정 체결은 한국 정부정책의 주요 목표이다.

최초의 자유무역협정이 출범한 다음 년도 즉 2006년 11월에 한국은 싱가포르와 자유무역 협상을 시작했다.

현재 일본, 캐나다, ASEAN 그리고 유럽자유무역협회(EFTA)를 포함하여 16개 나라와 그 외 국제기구들과 공식협상을 진행 중이다.

외교통상부장관은 인도, 멕시코, 러시아 그리고 브라질, 아르헨티나, 파라과이, 우루과이를 회원국으로 두고 있는 남미공동시장과 공동연구를 실시하고 있다고 밝혔다. 중국과 일본과의 협정 체결 검토도 진행 중이다.

수출업계는 기업들이 일자리를 더욱 늘려줄 것을 기대하고 있고 동시에 국가는 이를 통해 수출기업으로부터 세수를 늘릴 것을 기대하고 있다.

경쟁력 확보와 시장개방문제에 대한 우려가 있는 것이 사실이지만 중요한 것은 국가 경쟁력 개선을 통해 세계경제를 최대한 활용해야 한다는 사실이다.

베트남의 사례

> "약 천 개의 한국기업들이 현재 베트남에서 투자를 통해 30만 개의 일자리를 만들어내고 있다."

207개의 한국 투자 사업이 베트남 당국으로부터 승인을 받았으며 그 규모가 26억 불에 이른다. 십억 불 이상의 투자가 이루어진 것은 베트남이 한국 투자자들에게 얼마나 투자하기에 적합한 국가인지를 보여준다. 왜 몇 년 전까지만 해도 전쟁으로 인해 전혀 고려되지 않던 이 나라가 사회주의 국가임에도 불구하고 투자적격 국가로 간주되는가? 그리고 오늘날 어떻게 가장 매력적인 시장의 하나가 되었고 아시아 투자 유치에 있어서 경쟁력 있는 국가가 되었는가?

답은 간단하다: 연평균 8퍼센트의 성장, 8천만의 인구, 저렴한 노동력, 안정적인 정치적 리더십, 투자를 장려하는 분위기를 지원하는 정부 등이 베트남을 아시아 투자의 중요한 목적지가 되도록 하는 요인이다.

결국 세계에서 이 지역에 투자가 유행처럼 퍼지도록 하는 세일즈 국가가 된 것이다. 김영웅 대한무역투자진흥공사 하노이(베트남의 수도) 무역관장은 그렇게 설명했다.

아시아의 경우 경쟁을 하려면 베트남의 경험을 고려해야 한다. 이 나라로부터 경쟁을 보고 배워야 하며 우리나라의 4년

전의 쇠퇴와 이전 행정부들의 비효율성이 만들어낸 낙후를 비교만 하고 있어서는 안 된다.

도미니카 공화국의 경쟁력

'국가경쟁력계획(Plan Nacional de Competitividad)' 프리젠테이션에서 Leonel Fernández 대통령은 "국가경쟁력계획의 실행은 우리가 이룩하려고 하는 나라의 미래 비전으로부터 출발해야 한다"라고 말씀하셨다.

2020년을 대비하여 이 계획을 작성하는 과정에서 사회 각 부문이 합의한 도미니카 공화국의 미래 비전은 다음과 같이 요약된다. "2020년이 되면 도미니카 공화국은 경쟁력 있고 지속 가능하고 공정한 발전 인프라를 갖추고 세계 경제에 완전히 편입된 국가가 될 것이다."

한국의 경쟁력 중국에 뒤지다.

하지만 2007년 5월 8일 한국의 'The Korea Times'는 1면에 제목만 읽어도 알 수 있는 기사를 실었다: "한국의 경쟁력 중국에 뒤지다", 그리고 이 신문은 중국과의 경쟁력과 경쟁이라는 주제에 대하여 우려의 목소리를 높였다.(http://www.koreatimes.co.kr)

실제로 이 신문 1면에 발표된 것처럼 한국의 경쟁력이 23위이고 중국의 경쟁력이 21위라는 사실은 보도가치가 충분한 사건이었다. 이 자료는 산업정책연구원이 지난 5월 7일 발표한 연구결과로서 네덜란드와 미국을 최고의 경쟁력을 갖춘 국가로 분류하고 아시아 지역의 홍콩을 유일한 톱 텐 후보에 올려놓았다. 반면에 일본은 20위를 차지했다.

이 연구 범주에는 근로자 평가, 정치동향, 기업인과 전문가 그리고 물류, 기업전략, 외국인 투자 등이 포함되었다.

117개국의 경기 동향 요인 분석에 기초하여 세계경제포럼이 실시한 연구 결과에 따르면 2005년 초 도미니카 공화국의 국제경쟁력순위는 72위로부터 102위로 떨어졌다.

당시 우리나라는 중미국가들 가운데에서도 경제적으로 낙후되어 있었던 반면 다른 나라들은 경쟁력 차원에서 우리나라보다 더욱 유리한 조건으로 자유무역협정을 체결했다.

세계경제포럼이 카리브지역 국가들이 경제활성화를 위해 얼마나 노력하는지를 평가하는 보고서를 발표했는데 결과는 2006년 말 도미니카 공화국은 인도네시아, 스리랑카, 홍콩 및 과테말라와 함께 경쟁력 부문 최우수 5개 국가 중 하나로 평가되었다.

대기업들이 전 세계의 투자 이점과 리스크를 측정하기 위해 사용하는 주요 도구 가운데 하나인 'Global Competitiveness Report 2006-2007'는 도미니카 공화국의 의미 있는 경기 회복을 알렸다.

이 보고서에 따르면 도미니카 공화국의 2006년 경쟁력 지수는 2005년의 102위에서 83위로 상승하였다.

비록 수년 전과 비교할 때 경쟁력이 의미 있는 수준으로 올랐다고는 하지만 아직도 분명한 사실은 미래의 비전을 재정립하고 일본의 20위, 중국의 21위, 한국 또는 중남미 유일의 경쟁력 확보 국가인 칠레의 23위 수준에 오르기까지 여전히 많은 노력을 기울여야 한다는 것이다. 이와 비슷한 수준에 있는 국가들은 스페인, 이탈리아, 폴란드, 필리핀 그리고 말레이시아이다.

Fernández 대통령도 말했지만 "미래 비전의 목표는 도미니카 공화국 국민들의 전체적인 발전을 촉진하는 성장 즉, 제조업 분야의 고용과 적정 수준의 임금을 창출할 수 있는 지속가능하고 경쟁력을 갖춘 성장을 달성하는 것이 되어야 한다."

한국과 대만 그리고 단일 중국 이론

연합통신이 확인해 준 언론 보도에 따르면 전 세계 컴퓨터용 메모리 칩 생산 1위 기업인 하이닉스는 대만의 Phison Electronics Corp과 제휴 협정을 맺었다. 2008년 6월 20일 한국의 연합뉴스(http//:spanish.yohapnews.co.kr)가 보도한 내용에 따르면 이 협정은 참여 기업들에게 SD 마이크로카드, 내장형 메모리를 포함하여 다양한 제품 개발을 위한 협력을 요구한다.

아마도 이것은 한국 국민들에게 이익이 되고 혜택을 줄 수 있는 외교관계를 구현하는 것을 특징으로 하는 정책, 곧 대한민국의 실용주의 외교정책을 잘 보여주는 분명한 사례이다.

그리고 비록 한국이 1992년부터 대만과 공식외교를 단절하고 중국과 수교한 상태이지만 현재 한국과 대만의 투자부문에서의 양국관계는 지속되고 있다.

대한민국은 수도가 타이베이인 중화민국의 5대 교역상대국이다. 교역규모는 2007년 227억 달러에 이르고 한국은 73억 달러의 흑자를 내고 있다. 대만은 한국의 해외 인기 관광지 가운데 4위를 차지한다.

하지만 한국과 미국이 중국을 공식 인정하는 이유를 알기 위해서 고려해야 하는 정치적인 요소가 있다. 첫째는 대만은 중국 영토의 일부라는 사실과 또 하나 중요한 것은 경제적인 요인으로서 오늘날 중국이 '세계경제의 성장 동력'이라는 사실이다.

인정해야 할 것은 중국은 한국뿐만 아니라 대만 국민들에게도 중요하다는 것이다. The Korea Times에 따르면 대만 기업인들은 지난 15년 동안 조국에 1억 달러 이상을 투자했다. (2007년 7월 14일)

이러한 의미에서 중국과 대만의 관계 강화는 한국에 큰 영향을 미쳤다. 앞서 언급한 한국의 대표적인 신문의 이 날짜 사설을 보면, 중국과 대만이 무역사무소를 개설하면서 상호 공존과 관용을 토대로 양국관계를 재개할 수 있다는 것을 피부로 느낄 수 있고 또 그것이 가능하다는 것을 추정하게 된다. 이 신문의 분석에 따르면 대만의 신임 총통 마잉주는 그의 선거공약들을 실행에 옮기고 있다고 한다.

언론 보도에 의하면 대만독립 문제를 부각시키는 것 대신에 양국의 관계를 강화하려는 구상은 두 나라 간의 긴장을 해소하고 더욱 협력하게 한다.

흥미로운 것은 2008년 6월 13일 중국과 대만이 협정을 통해 상용 항공편을 늘리고 관광규모도 더욱 확대하기로 했다는 것인데 59년 전부터 여행이 불가능했던 상황을 감안하면 엄청난 발전이다.

2008년 10월 10일은 두 가지 의미를 지닌 날이었다. 주 한국 대만대표부는 독립 97주년을 기념하고 있었다. 이 대표부의 천융차오 대표와는 한 주전 골프를 치면서 알게 되었다. 온화한 성격의 소유자인 천융차오 대표는 그날 두 가지를 기념한다고 했다. 하나는 도미니카 공화국의 외교 수립일이었고 또 하나는 내 생일이었다.

그날 저녁 한국의 어느 주요 호텔 2층에 올라갔다. 그리고 주최 측이 곧 내 가슴 왼쪽에 꽃을 달아서 다른 방문객들과 구별해 주었다. 오른쪽으로 안내를 받아 가니 다른 중미의 외교관들이 모여 있었다. 온두라스, 파나마, 엘살바도르 그리고 과테말라 외교관들이었다. 내 기억에 외교관들은 우리뿐이었다. 한국의 주요 정부 인사나 외교관은 보이지 않았다.

그 이유가 바로 한국과 다른 대부분의 나라들이 대만과는 외교관계가 없고 중국과 수교했기 때문인 것으로 생각해 보았다.

사실 행사장이 넓었지만 사람들로 가득 차 있었다. 한국인 방문객들과 이야기를 나누었는데 그들은 대만과 비즈니스를 하는 기업인들이었다. 한국의 공무원들도 보였는데 사람들이 말하기를 대만은 한국의 국방 기술 일부를 지원한다고 했다.

그날 내가 대만 무역대표부 대표와 다른 중미 외교관들과 함께 파티에서 대만의 독립을 기념하기 위해서 뿐만 아니라 내 생일 기념 케익도 함께 커팅하게 된 것은 신기한 경험이었다.

도미니카 공화국과 대만

한국 주재 외교가에서 도미니카 공화국이 중국이 아닌 대만과 외교관계를 갖고 있다는 말이 나올 때는 도미니카 공화국 외교정책이 마치 외교정책의 고고학처럼 비추어지기도 한다.

"우리나라는 대부분의 다른 중미국가들과 함께 중국이 아닌 대만과 외교관계를 수립한 소수 국가들 중에 하나다."

외교관계가 없으므로 도미니카 공화국은 중국이라는 엄청난 경제대국과 이 나라의 수많은 생산 부문을 완전히 잘 활용하지 못하고 있는 것으로 평가된다.

비록 외교관계는 없지만 도미니카 공화국과 중국은 약 6억 달러의 교역이 이루어지고 있다.

중남미 사람들은 외교관계를 떠나서 중국을 지속적으로 방문하고 있고 연중 개최되는 대규모 무역전시회에 참여하고 있다.

만약 중국과 수교하게 되었다면 중국 기업들로부터 초기에 지원을 받았던 화력발전소 설립 입찰을 따낸 기업들은 틀림없이 중국으로부터 재정지원을 받았었을 것이다.

초기 지원을 했던 중국기업들은 중국과 외교관계가 없는 나라에 투자를 원할 경우 금융지원을 받기가 힘들다. 문제는 중국과 외교관계가 없는 나라에서는 금융지원을 보장받을 방법이 없다는 것이다.

내 기준으로 보면 중국과 외교관계를 유지하고 대만과 무역관계를 갖는 실용주의가 이 두 나라가 제공하는 기회를 모두 놓치지 않는다는 점에서 매우 흥미로운 정책이다.

제7장 청정도시와 환경

쓰레기 없는 거리

한국 특히 수도 서울 거리에는 쓰레기가 없다. 쓰레기는 귀중한 문화적 보배만큼이나 발견하기 어렵다. 그리고 이것은 장광설도 아니고 한 순간 바람에 흩어지는 단순한 말도 아니다. 일상의 현실이다. 예를 들어 말하자면 독자가 아파트에 산다고 할 때 쓰레기는 다양한 종류의 수거함에 투입되어야 한다.

- 첫 번째 플라스틱 쓰레기
- 두 번째 유기오폐물(음식 찌꺼기 또는 동물의 오물 등)
- 세 번째 유리병, 캔 및 금속
- 네 번째 의류 또는 천

모든 쓰레기는 분류해서 해당되는 쓰레기 분류함에 버려야 한다.

이곳에는 사람들이 쓰레기를 규정에 따라 버리고 있는지 엄격하게 감시하는 담당자가 배치되어 있다. 더욱이 쓰레기 처

서울은 정책적인 의지와 국민의 협조로 깨끗한 도시로 변모했다.

리 절차의 위반 사례를 고발하고 위반하는 사람에게 주의를 주기 위해서 쓰레기 적치장에 비디오카메라가 설치되어 있는 곳도 있다.

왜 이렇게 쓰레기 버리는 절차가 까다로운가? 여기에 해답이 되는 원칙이 있다. 음식물을 포함해서 음식찌꺼기, 파손품 또는 폐품 등은 각기 다른 가치를 지니고 있고 특정한 장소에 적절히 보관되어야 한다는 것이다. 그 이유는 무엇인가?

이 질문에 대한 대답은 쓰레기 재활용이라고 부르는 개념을 통해 발견할 수 있다.

쓰레기 재활용

대도시 지역에서 적정 수준의 청결과 위생을 유지하는 기업들이 사용하는 기술이다.

이러한 기술적인 절차를 통해서 도시가 깨끗해지는 것만 아니라 부가가치도 창출하게 된다. 다양한 유형의 쓰레기를 기본재로 활용하여 다른 물질 또는 제품을 만들어 내고 농목축업 또는 산업 부문에서 사용한다. 버려진 음식물을 이용해서 비료를 생산할 수 있다.

많은 나라에서(그중에 하나가 우리 도미니카 공화국이다.) 국제 물가의 앙등과 세계 식량위기를 원인으로 하여 농업 생산성을 높이려고 노력하고 있는 상황에서 오폐물을 활용해서 비료를 만드는 것보다 나은 해결책은 없다.

플라스틱을 재료로 하여 쿠션, 안장, 의자, 커튼 그리고 다른 산업자재를 만드는데 유용한 직물 생산용 합성섬유를 생산할 수 있다.

마찬가지로 이 물질을 이용해서 경제개발에 없어서는 안 되는 전기에너지 발전용 연료를 획득하는 것이 가능하다.

결국 쓰레기 재활용의 개념은 도시를 깨끗하게 유지하고 재원과 고용을 창출하며 쓰레기 매립장 유지에 많은 비용을 써야하는 시청의 예산 절감 효과까지 거둘 수 있는 제도이다. 그리고 매우 중요한 사실은 바로 이 매립장은 스포츠시설, 박물관, 어린이 공원, 골프장 그리고 공연지역으로 탈바꿈할 수 있다는 것이다.

한국에서는 이 쓰레기 적치장을 레크리에이션 센터로 전환시키기도 한다. 재활용 프로젝트의 사물로써 서울시와 중앙정부가 이를 추진하는데 있어서 추가적인 비용을 부담할 필요가 없다.

Duquesa 매립장

Duquesa 매립장은 Santo Domingo Norte 지방에 있는 주요 오염 중심지이다.

이 매립장을 수치로 보면:

－매일 3,700톤의 폐기물 반입

－2007년 한 해만 107만 9천 톤의 쓰레기 반입

쓰레기의 양이 많아지면 환경 영향도 커지는데 수치로 된 반입 자료를 밝히는 이유는 쓰레기 재활용 지역에서 투자자에게는 쓰레기 반입량이 더욱 관심을 끌기 때문이다.

오늘의 문제가 내일에는 기회와 일자리를 만들어 내는 원천이 될 수 있을 것이다.

톤당 10달러로 평가되는 처리비용을 지출하는 다른 중남미 국가들의 시, 도와 비교할 때 Duquesa 매립장을 운영하는 업무를 담당하는 기업은 약 2.5달러를 지원받기 때문에 적자를 면치 못하고 있다.

다량의 쓰레기 갈 곳이 없다.

최근 발표된 유엔개발계획 보고서에 따르면 도미니카 공화국에는 국민들이 사용하고 버린 쓰레기와 폐기물을 처리할 공간이 충분치 않다고 한다.(www.diariolibre.com, junio 2008). 이 국제기구의 평가에 따르면 반입되는 쓰레기양을 적정수준으로 처리하기 위해서는 현재의 Duquesa 매립장 현재 공간의 두 배가 필요할 것이라고 한다.

유엔개발계획에 따르면 1인당 쓰레기 처리를 위한 필요 면적은 1.8헥타르인데 도미니카 공화국의 적재 능력은 0.8헥타르에 불과하다. 유엔개발계획은 국민의 소비수준이 수백만 톤의 폐기물을 처리할 공간이 없음에도 불구하고 지속적으로 증가하고 있다고 주장한다.

허리케인과 쓰레기

도미니카 공화국은 허리케인과 태풍 같은 대기현상이 기후의 특징을 형성하는 지역에 속한다. 이러한 대기현상은 쓰레기와 폐기물의 연평균 정상수량의 최대 30퍼센트까지를 증가시킨다. 일례를 들면 2007년 11월 태풍 Noel이 지나간 후 Jesús Félix 이사는 이 지역에서 20일 동안 고체 폐기물이 5,174톤이 처리되었는데 11월 말에는 1만 톤을 초과함으로써 피해지역의 소독을 위해 두 배의 노력을 기울여야 했다고 밝혔다.

그때 도미니카 공화국 대통령은 Duquesa 매립지의 문제를 해결하고 전염병 확산을 방지하기 위해 보건부, 공공건설부, 국방부, Santo Domingo 시청, Santo Domingo 주, Pedro Brand 등으로 구성된 대책위원회를 가동했다. 하지만 이 위원회의 활동은 중장기적인 효과를 내지는 못했다.

Santo Domingo의 시장은 크리스마스와 전정한 나무 수의 증가 그리고 비와 같은 자연현상으로 하루 300톤의 쓰레기 생산 증가가 보고되었다고 밝혔다.

Rafey 매립지

Santiago시의 Rafey 매립지에는 대규모 연기가 생겨 도시 전체와 인근 지역으로 퍼지는데 이는 또 하나의 오염원이고 시 당국에는 골칫거리가 되고 있다.

비록 Santiago 위생공사(Corporación de Aseo de Santiago)와 시장 등이 매립지가 만들어내는 오염 문제 해결을 위해 많은 노력을 기울였음에도 불구하고 여전히 문제가 해결되지 않고 있다.

쓰레기 적치를 위한 특수공간의 건설과 적절한 처리방법을 시도해서 연기의 양을 줄여보려고 했지만 문제가 사라지지 않고 있는 것이다.

세계적 오염 중심지 Haina

Haina는 심각한 오염규모로 인해 세계적으로 알려진 도시이다. 쓰레기하치장이 도시 중심부에 있고 주도 San Cristóbal로부터 수 킬로미터 밖에 떨어져 있지 않다.

이곳은 주민들 건강에 문제를 일으키고 주민들은 오염, 악취 그리고 거기서 나오는 연기 때문에 병원을 자주 찾는다.

Luis Alberto Concepción 시장의 말에 의하면 "쓰레기가 Haina를 삼키고 있어도 시의회가 받는 재원의 대부분이 임금으로 사라지고 만다"고 한다.

쓰레기 매립지 외에도 마을에서 1킬로미터 떨어진 Itabo I

과 Itabo II 발전소의 전기발전 기가 공중에 내뿜는 먼지는 주택을 덮치고 정상적인 영업활동을 불가능하게 한다.

또한 도미니카 공화국 정유공장 Refinería Dominicana de Petróleo가 내뿜는 가스 그리고 배터리 생산기업들도 오염원으로 꼽힌다.

쓰레기 매립지의 부정적인 효과를 없애기 위해 한국 기술을 활용하여 해법을 제시할 수 있다.

비록 국제사회가 협력을 제공하고 일본과 대만 관련기관들이 중요한 연구를 실시했었지만 문제들은 잔존한다.

한국의 경험을 토대로 해결책을 찾을 수 있을 것이다.

화장실혁명

독자는 중국혁명, 러시아혁명, 쿠바혁명, 미국의 독립혁명을 들어 보았을 것이다. 하지만 화장실혁명이란 말은 금시초문일 것이며 화장실혁명이 세계를 변화시킬 것이라는 말은 더욱 생소할 것이다.

대한민국의 부통령 역할을 하는 국무총리가 화장실혁명과 관련된 행사의 책임을 맡았다. 그리고 화장실과 관련된 주제로 2007년 11월 21일부터 27일까지 열리는 세계화장실협회 2007 행사에 참여해 달라는 초청을 수락하기로 했다.

이 행사의 주관기관들은 박명재 장관이 이끄는 행정자치부와 한국화장실협회였다.

고백하건데 살면서 그리고 특히 한국에 부임한 후 많은 행사와 세미나에 참석했지만 현재까지 그 어느 행사도 사람들이 생리적인 욕구를 해소하는 곳과 관련되지는 않았다.

이 행사는 1990년대 창설된 한국 화장실 문화 시민들의 모임에 의해서 열린 것이다. 이 모임은 한나라의 문화는 바로 화장실 문화에 어느 정도 반영된다는 생각에서 출발했다. 세상에는 복지와 라이프스타일에 상당히 중요한 영향을 주는 경제, 환경 그리고 인간의 문제가 있다. 이러한 요인들은 한 나라의 화장실 문화 그리고 위생에 영향을 미친다.(스페인어 웹 사이트 참고. 33)

행정안전부 박명재 장관은 개회연설의 제목을 '화장실혁명, 생활의 혁명'으로 정했다.

그리고 말하기를 "우리들은 청결한 화장실, 물, 위생 그리고 건강의 필요성에 대해 토론하기 위해 여기에 모였다"고 했다. 그리고 그런 기본적인 필요는 국민의 삶의 질을 결정하며 또한 우리 환경과 복지의 보전과 관련된 필수적인 문제라고 지적했다.

세계에는 기본위생을 누리지 못하는 인구가 26억 명에 이른다고 밝히면서 그러한 의미에서 세계 화장실 협회는 UN 새천년 목표와도 일맥상통하는 기구라고 설명했다.

박 장관의 의견에 따르면 세계화장실협회는 전 세계의 위생과 보건을 개선하기 위해 노력하는 기관이다. 한국 정부는 이 목표 달성을 실질적으로 지원하였으며 지역사회가 화장실 사용을 보다 용이하게 하기 위해서 공중화장실사용에 관한 법률을 비준하였다.

박 장관은 화장실에서의 건강지키기를 위한 노력에 한국 정부가 지원할 것임을 힘주어 강조했으며 그러한 의미에서 위생, 보건 그리고 환경의 질의 개선을 위한 모든 가능성을 모색하는 노력에 지지를 보냈다.

하지만 세계화장실협회 조직위원회 위원장은 보다 목소리를 높여 말하기를 삶에서 화장실의 역할은 결정적으로 중요하다고 했다. 비록 화장실에 관심을 쏟는 일이 일반적이지는 않지만 수십억의 지구촌 사람들이 제대로 갖춰진 화장실과 위생시설을 사용하지 못하고 있다고 말했다. 그는 화장실이야 말로 2015년 새천년 목표 달성을 위한 기본적인 과제가 된다고 했다.

2008년 9월 유엔총회에서 행한 연설에서 도미니카 공화국 Leonel Fernández 대통령은 선진부국들이 당초 공약한 사항들을 지키는데 필요한 공적개발원조가 부족하다는 사실에 우려를 표명하였다.

이러한 상황에 대하여 도미니카 공화국 대통령은 "6억의 국민들이 오늘날의 화장실보다 더 나쁜 화장실을 사용하게 될 것이라고"라고 단언했다.

제8장 정보통신혁명

디지털지능혁명

남중수 씨는 잡지 The New Yorker에서 인용한 아주 간단한 두 개의 그래픽을 이용해서 프리젠테이션을 시작했다. 하나는 1993년 7월이라는 날짜를 보여주며 컴퓨터 앞에 앉아있는 한 마리의 개와 옆에 앉아서 무언가를 응시하고 있는 다른 개가 등장하는 그림이었고 '연결'이라는 제목을 달았다. 또 "인터넷상으로는 누구도 당신이 개라는 사실을 모른다"는 문장이 쓰여 있었다. 2005년 9월로 표시된 옆의 다른 그래픽은 두 마리의 개가 서로 얼굴을 볼 수 있는 모습과 하단에 '사회활동중'이라는 문장을 썼다.

이러한 표현의 기술을 통해서 고속인터넷 분야에서 한국의 가장 중요한 기업 중 하나인 Korea Telecom 사장은 발표를 통해 디지털지능이라고 부르는 기술 발전을 설명했다.

세 번째 그림에서 한국의 고위 관료가 말하기를 1990년대

유행했던 개인 인터넷 시대는 가고 그룹네트워킹의 시대가 왔으며 가까운 미래에는 그의 표현대로 디지털지능혁명의 시대가 올 것이라고 했다.

인터넷 분야에서 한국 최고의 영향력을 자랑하는 기업을 대표하는 가장 중요한 인사 가운데 한 사람이 이런 말을 한 곳은 바로 아시아 지역에서 열리는 최대의 정보기술 정상회의인 2006 서울 디지털 포럼이었다.

이름만 들어도 알만한 기업들의 대표들, 정부관리 그리고 이 분야의 전문가들이 2005년 5월 디지털시대의 정보기술 발전과 경향에 대하여 논의하였다.

남중수 씨에 따르면 디지털혁명이 추구하는 것은 화합, 행복 그리고 안전으로 구성되는 디지털 인본주의라고 한다. 이 개념은 광역 인터넷 서비스를 이용하여 인류의 발전을 위한 양방향 플랫폼 개발을 포함한다. 이러한 방식을 통해 축구경기, 영화, 음악, 통화, 경리 문제 등 인간의 삶의 질을 높이는 분야까지 확대될 것이다.

도미니카 공화국의 인터넷

남중수씨가 디지털통신의 태동기였던 1990년대 초에 인터넷이 사용되기 시작했다고 말하는 것을 들으면서 도미니카 공화국에서는 아직도 인터넷과 컴퓨터 사용 비율이 아주 낮다는 사실이 떠올랐다.

그리고 그것은 우리나라가 컴퓨터와 인터넷에 대한 관심이 없기 때문이 아니었다. 열정과 욕구는 있다. 그리고 그것은 교육부장관이 교육대학에 컴퓨터를 지원하는 프로그램에 대한 재정지원을 시작했을 때 많은 선생님들이 하나라도 타기 위해 먼 지방에서부터 출장을 와서 하루 전날부터 새벽잠을 설치고 준비했던 사실만 보아도 알 수 있다.

그렇게 우리 국민들은 컴퓨터를 갖고 싶어 하고 디지털세계에 접근하고자하는 희망을 갖고 있는 것이다. 단지 그런 염원을 이룰 수 있는 여건이 부족하다. 그리고 이것은 기술에 접근하려는 한 사회의 발전과제 가운데 하나이다.

정보통신과 경쟁력

흥미롭고 또 마땅히 주목을 해야 하는 부분은 한국이 정보통신과 경쟁력 부문에서 세계적으로 순위가 상승한 반면 도미니카 공화국은 그 반대 결과가 나타났던 것이다. 2006년 5월 9일 일간지 HOY에 Mario Méndez 기자가 간추린 2005~2006 글로벌정보기술리포트에 의하면 도미니카 공화국은 칠레, 자메이카, 브라질, 베네수엘라, 페루, 멕시코, 엘살바도르, 콜롬비아, 우루과이, 아르헨티나, 트리니다드 토바고보다도 뒤쳐진 115위를 차지하면서 다른 나라들의 발전 속도에 비해 정보통신기술을 활용하기 위한 준비가 뒷걸음친 것으로 나타나있다.

반대로 KT 사장의 발표에서 토론된 것은 자택방문인식, 건물 및 영업 안전, 거리 안전, 재난 방지 그리고 전기서비스의 관리 등을 위해 필요한 기술을 활용하여 안전한 사회 운영을 어떻게 달성할 것인가라는 것이었다.

그가 디지털생태계라고 부르는 것을 고려하면 앞서 언급

한 부문에서 기술을 성공적으로 사용할 경우 디지털 기술에 의해 인간이 행복의 미소를 짓게 되는 시대가 오게 될 것이다. 그리고 우리 모두가 그런 사회를 지향한다.

인터넷에서 TV 정부로

도미니카 공화국이 겨우 인터넷 시대로 접어들고 있을 때 대한민국에서는 이미 전자정부 뿐만 아니라 TV 정부가 추진되고 있었다. 전자정보 송수신 시스템을 기초로 하는 TV 정부란 정부 조달 거래를 TV 화면을 통해 실행하는 정부를 말한다.

Santo Domingo 신문이 도미니카 공화국 정보통신연구원(Indotel) 이사장 José Rafael Vargas 박사와 심도 있는 대담을 실시하고 취재한 내용에 따르면 중남미의 인터넷 사용 인구 비율은 평균 5%인데 도미니카 공화국 국민의 1.5% 정도만이 인터넷을 사용한다는 것이다. 그리고 도미니카 공화국 정부의 목표는 36개월 내에 이 비율을 3%로 끌어 올리는 것이다.(신문 Hoy에 실린 Evaristo Rubes 기자의 취재기사 "Acceso a Internet es bajo en el país(국내 인터넷 사용 저조)" 참조)

아시아와 비교하면 이 수치는 매우 낮다. 2004년 말 정보통신부의 공식 자료에 의하면 한국에서는 6세 이상의 국민 70%가 인터넷 사용인구이다. 즉 전체 4,400만 인구 중에 3,160만 명이 인터넷에 접속한다는 것이다.

2000년 CIA 연간보고서 자료에 따르면 한국은 1,530만 명의 인터넷 사용자를 보유하고 있었고 2002년에는 이 수치가 2,630만 명으로 늘어났다. 따라서 한국정부 당국의 자료와 일치하는 경향을 보이고 있다.

전자정부 시스템을 통해서 국민들은 호적등본과 주민등록 등본 등의 문서들을 집에서 마우스로 클릭만 하면 발급받을 수 있다. 한국 사람들은 전자정부 제도를 통해 수속을 밟아야 하는 민원을 해결하기 위해 공공 기관을 방문할 필요가 없기 때문에 많은 정부 기관들이 국가의 여러 지역으로 이동할 수 있었다.

한국에는 관공서를 서로 연결해 주는 전자 지도(전자정부 로드맵)가 있다. 예를 들어 'government for citizens는 주민등록, 부동산, 차량등록 등의 자료를 공유할 수 있도록 한다. 인터넷 세금항목을 등록하고 모든 종류의 계산서 또는 영수증의 결제가 가능하다.' Local Government Information Network System은 한국 정부조직 21개 부문의 상호 연결이 가능하도록 해준다.

인터넷 사이트 www.egov.go.kr는 정부의 4,500개의 사업과 사업영역에 대한 정보를 제공하며 민원서류를 발급한다.

한국의 전자정부의 이러한 작은 기술혁명은 1987년에 시작되었으며 전자우편은 2004년 개편과 개선과정을 거쳐 확대시행 되었다.

그러나 오늘날 한국정부는 한국국민 특히 인터넷에 접근하지 못한 사람들의 생활습관을 바꿀 또 다른 기술혁명을 가져올 새로운 기술제안을 하고 있다.

T-Government는 텔레비전 화면을 통해 정부 부처와 국민의 양방향 커뮤니케이션을 가능하게 한다.

2005년 5월 6일 The Korea Times의 보도에 따르면 한국의

행정자치부는 금년 말 서울의 남부 강남구 지역에서 시행될 미래 민원서비스 제도의 설명회를 개최했다.

이 새로운 제도를 이용하여 초등학교의 학부모는 집에서 텔레비전을 통해 학교에서 곧 실시될 정책에 관한 교육부의 최신 설명을 들을 수 있다.

어떠한 비상상황 속에서도 텔레비전 리모컨을 이용해서 공공서비스 기관의 도움을 요청할 수 있고 즉각적으로 요청사항에 대한 회신을 통보받을 수 있게 될 것이다.

우리는 도미니카 공화국의 정보통신연구원(Indotel)의 우선 과제 가운데 바로 디지털화가 포함되어 있다는 것을 알고 있고 또한 Leonel Fernández 대통령은 도미니카 공화국이 전세계적으로 일어나고 있는 기술 분야의 발전을 이용할 수 있도록 하는데 관심을 갖고 있다.

즉, 한국의 사례는 도미니카 공화국 국민들이 한국의 경험과 기술혁신으로부터 배울 수 있는 훌륭한 기회를 제공한다. 그리고 가장 중요한 것은 우리 국민들이 한국의 경험을 배울 준비가 되어 있다는 것이다.

무선 인터넷

한국의 무선 인터넷은 경쟁국 미국을 추월하기 위한 준비가 한창이다. 국제적인 경쟁력을 갖추기 위한 신기술 디자인을 위해 모든 노력을 경주하고 있다.

대한민국의 무선 인터넷 플랫폼이 정부와 이동통신기업의

정책에 힘입어 미국을 앞서갈 것으로 기대된다.

핸드폰 제조업체들은 신 모델의 정보처리상호운영(interoperability)을 위한 무선 인터넷 플랫폼(Wireless Internet Platform for Interoperability)의 사용이 필요하다. 정보통신부의 한 관계자는 "핸드폰 판매업체들은 자신들의 제품에 다른 플랫폼을 사용할 수 있지만 Open Source WIPI를 포함시켜야 한다"라고 지적했다.

최근에 한국과 미국이 합의한 'WIPI' 요건은 미국에 본사를 두고 있는 Qualcomm의 Binary Runtime Environment for Wireles(Brew)에 충격을 가져올 가능성이 크다. 이 사실을 보아도 한국의 정보통신이 얼마나 큰 비중을 차지하고 있는지를 알 수 있다.

로봇경쟁

한국의 상공자원부장관과의 회의를 마치고 나오면서 중미 카리브 과장의 배웅을 받았다. 그는 현관 콘크리트 계단의 문에서 나를 기다리던 관용차까지 동행해 주면서 훌륭한 스페인어로 작별인사를 하며 한국은 어떤 나라라고 생각하느냐고 질문을 했다. 나는 한국은 작은 나라이지만 정신세계는 거대한 나라라고 답했다.

분명히 그 공무원은 내 말을 듣고 이해하지 못했을 것이다. 한국은 영토가 우리 도미니카 공화국의 두 배 정도에 지나지 않지만 과학기술과 교육 수준은 미국 중국 그리고 일본과 같은 선진대국의 수준에 이르고 있다.

며칠 후 2005년 3월 14일 The Korea Times는 컴퓨터산업연감사(The Computer Industry Almanac, Inc.(CIAI))의 리포트를 인용하여 한국의 PC 사용 인구는 2007년 말 2,620만 명에 이르렀고 이는 전세계 컴퓨터 사용인구 8억 2천만 명의 3.19%에 달한다고 발표했다.

미국은 2억 2천 3백만 대의 컴퓨터를 보유하며 세계 총 컴퓨터 수의 27.22퍼센트를 차지하는 선도국가이며 뒤를 이어 일본이 6,920만 대(8.42%), 중국이 5,299만 대(6.45%), 독일은 4,630만 대(5.63%), 영국 3,589만 대(4.37%)를 각각 보유하고 있다. 프랑스는 2,941만대로서(3.58%) 6위를 차지했고 한국은 7위 그리고 이탈리아, 케나다, 브라질이 뒤를 이었다.

흥미로운 것은 미국의 전체 인구를 기준으로 27%가 의미하는 것이 무엇인지를 알아보는 일이다. 전 세계의 3퍼센트를 차지한다고 하는 것은 곧 한국 인구의 절반이 집에 컴퓨터를 갖고 있다는 것을 의미한다. 이것은 바로 비록 외형은 작지만 생각은 큰 나라 한국에겐 상대적으로 매우 높은 비율이다.

안동시의 한 대학을 방문하기 위해 3시간 반 정도 걸리는 곳으로 여행을 할 때 흥미로운 일을 겪었다. 어느 휴양지에서 필자는 식당, 카페, 화장실 등이 갖추어진 일종의 숙박지에 머무르게 되었는데 그곳에는 수많은 그 지역 지도를 비치하고 외모가 단정하고 영어를 구사할 줄 아는 여직원이 근무하는 안내소가 있었고 거기에는 컴퓨터 두 대와 고속 인터넷이 무료로 제공되고 있었으며 이 서비스는 점포들 앞에서도 이용할 수 있었다.

하지만 비교적 작은 나라임에도 불구하고 광대한 기술 개발 컨셉을 가진 나라 한국의 진짜 경쟁력을 볼 수 있는 부분은 바로 한국의 로봇 산업 발전이다.

예를 들어 The Korea Times는 '한국이 일본의 로봇공학을 따라 잡다'(Korea catches up with Japon in Robotics. 2005년 3월 3일 7쪽)라는 제하의 흥미로운 기사를 보도했다.

오늘날 한국은 일본과 함께 로봇 산업 부문에서 치열한 경쟁을 벌이고 있다. 일본의 혼다 회사가 Ázimo 로봇을 개발하여 2005년 12월 도쿄 인근에서 선보였을 때 한국은 KAIST를 통해 휴보라고 부르는 로봇을 개발해서 2005년 2월 대전에서 일반에 공개 전시했다.

일본의 Ázimo 로봇 키가 1.3미터였다면 휴보는 1.25미터였고 일본 로봇의 무게가 54킬로그램인데 비해 한국 로봇은 55킬로그램이었다. 일본 로봇의 보행속도는 시간당 1.5킬로미터였고 한국 로봇은 1.3킬로미터를 기록했다. Ázimo의 달리기 속도는 시간당 1.5킬로미터, 휴보의 달리기 속도는 시간당 1.3킬로미터를 기록했다. 일본 로봇의 연결부위는 34개였는데 한국은 41개였다. 그리고 가장 중요한 것은 일본 프로젝트 개발 비용이 3억 달러 소요된데 반하여 한국은 90만 달러만 썼다는 사실이다.

비록 많은 부분에서 유사성이 발견되지만 개발 비용에 있어서는 큰 차이를 보인다. 즉 낮은 비용을 들여서 고급 기술을 개발할 수 있었다는 것이다. 비록 경쟁의 끝은 알 수 없지만 일반적인 추세는 한국 쪽으로 기울고 있는 것처럼 보인다.

서울에 있는 코엑스 전시장 로봇 박람회장 개막식에서 필자는 엄청나게 많은 로봇관련 기업인, 출품자와 관계자들을 보며 놀

라웠다. 이들은 한국로봇공학협회라는 잘 조직된 기관에서 활동하고 있었다.(Korea Association of Robotics)(www.robotics.or.kr)

한국의 정보통신부는 한국이 가까운 장래에 개발할 신제품은 로봇이 될 것이라는 인식을 갖고 있다. 2007년경에는 로봇공학 관련 상품의 상업화로 497억 달러의 매출 소득을 올릴 것으로 기대하고 있다.

앞서 언급한 내용을 감안할 때 필자는 한국의 그 관계자에게 한국은 생각의 크기가 다르다고 감히 말할 수 있을 것이다. 그리고 그 말은 발전을 위해 기술을 이용할 줄 안다는 뜻도 될 것이다.

제9장 서울의 지하철

서울의 지하철

최근 완공된 도미니카 공화국의 지하철 시험운전에 관한 소식을 접했을 때 서울지하철공사를 찾았던 때가 떠올랐다. 면담을 요청하자 서울지하철관계자들은 필자를 매우 반갑게 맞아주었다.

나는 우리나라의 지하철 제도를 정착시켜서 교통제도를 개선할 필요가 있다고 설명했다. 그리고 서울지하철 관계자들에게 1단계 사업이 종료되었고 이제 후속 연구사업이 남아있다고 말했다.

필자의 설명을 경청한 후 서울지하철 관계자들은 Santo Domingo시 또는 Santiago시가 필요로 하는 차기 지하철 노선의 건설과 설치를 위해 도미니카 공화국에 필요한 협력을 제공했다.

한국의 이명박 대통령이 취임식을 겨우 4일 남겨 놓은

2008년 2월 21일 금요일은 정권 교체 기간이었다. 불안과 정부 마비와 같은 분위기가 조성되는 다른 나라와는 달리 이런 시기에도 교통제도 부문의 경험을 보여주려는 열의와 일하려는 분위기는 흔들리지 않아 보였다.

한 가지 중요한 사실은 한국의 지하철을 운영하는 회사는 서울시에 소속되어 있다는 점이다. 중앙정부가 운영하는 것이 아닌 것이다. 그렇다고 이윤 창출을 목적으로 하는 민영기업이 지하철을 맡고 있지도 않다.

서울 지하철 공사 임원들은 도미니카 공화국의 지하철 개발을 위한 기술 및 자금 지원을 제공할 용의를 밝혔다.

그리고 그 제안은 1970년대 한국이 지하철 노선을 건설할 수 있도록 해준 기술을 선진국으로부터 들여오기 위해 10년 이상 공을 들인 사실에 기인한다. 하지만 기술을 도입한 후 한

서울의 지하철은 시각장애인들이 별다른 도움 없이도 사용이 가능하도록 시설을 잘 갖추고 있다. 시각장애인들의 지하철 이용을 돕기 위해 특수 보행 지원 시설이 설치되어 있다. 한 시각장애인이 자신의 특수 컴퓨터를 이용해서 지하철 안으로 이동하고 있다.

국은 선진 국가들보다 더욱 현대화되고 발전된 기술을 직접 설계하게 되었다.

필자는 서울 지하철의 많은 노선을 타보았다. 그리고 세계의 다른 대도시 전철과 비교할 때 소음이 실제 들리지 않을 정도로 조용하다고 자신할 수 있다.

밤에 승객들은 도미니카 공화국 사람들의 표현대로 선잠을 자면서 간다. 시각장애인 또는 다른 장애인도 기술적으로 좋은 시설을 이용할 수 있어서 누구의 도움 없이도 전철을 탈 수 있는데 그런 시설은 다른 나라에서 본 적이 없다.

10개 전철역과 전장 7.8킬로미터의 서울 지하철 1호선은 1974년 8월 15일 완공되었다.

1980년대 지하철 2호선이 완공되었고, 전해지는 말에 따르면 2호선은 서울을 관통하며 다른 노선과 연결되는 당시 세계 최장 지하철 노선이었다. 60.2킬로미터의 길이와 50개 역 그리고 144만 2천 명의 승객을 실어 나르는 노선이었다. 운행시간 간격은 2분에서 5분이다. 지하철의 수많은 차량들이 각 역을 들어가고 나가는 정확한 시간을 설정하는 자동 통제센터가 가동된다.

지하철 3호선은 35.2킬로미터 31개 역을 갖추고 1985년 7월 개통되었다. 4호선은 1985년 31.7킬로미터 26개 역으로 개통되었다. 한국인들은 이제 9호선을 완공 후 개통한 상태이다.

서울 인구는 1,200만 명이며 수도권 인구까지 합치면 2,200만 명이다. 국민의 37퍼센트가 버스, 승용차 및 기타 교통수단 대신 지하철을 이용한다.

지하철역은 만남의 장소로도 활용되고 많은 음악 연주 그룹이 사람들이 오가는 곳에서 공연을 한다.

이유는 간단하다: 지하철은 승객의 정시 출근을 보장해 준다. 새벽 5시 30분부터 다음날 새벽 1시까지 운행한다. 음주운전을 걱정할 필요도 없다. 그래서 경찰에게도 시민에게도 도움을 준다. 안전하고 편리하다. 공공 도로를 모니터링하고 시민의 안전을 확보해 주는 디지털 녹화 시스템도 갖추고 있다.

지하철역에는 쇼핑센터가 조성되어 있어서 시민들은 더울 땐 시원한 에어컨 바람을 추울 땐 따뜻한 난방을 즐기며 음식점과 상점을 이용할 수 있다. 지하철역이 하나의 작은 지하 도시인 셈이다. 때로는 많은 역에서 음악 연주와 문화 공연이 펼쳐지기도 한다. 진정한 오락과 여가의 중심이다.

마침내 최근 Santo Domingo 지하철의 1호선 개통되었다. 처음부터 지하철 관련 기술의 개발에 성공한 다른 나라들의 경험을 배우고 연구하는 것이 좋을 것이다. 그래야 도미니카 공화국이 Santo Domingo와 Santiago시의 최초 지하철 노선 확대를 위해서 폭넓은 선택을 할 수 있게 된다.

재원을 창출하는 지하철

서울 지하철은 수도의 경제적 재원을 창출할 수 있는 주요 수익원이다. 따라서 이러한 수익은 서울 시민의 수요를 충족시키기 위한 서비스 확대 필요성을 뒷받침할 주요 재원이 된다. 서울지하철은 2006년 상반기 수익이 3,608억 3,300만 원(일 평균 19억 9,400만 원)(2008년 3월 평가 당시 환율은 달러당 930원)으로 전년도 같은 기간 대비 1.4퍼센트 감소하였으나, 승객수는 0.6퍼센트 증가해서 7억 2,015만 6천 명이었다. 이 수치는 2008년 상반기 동안 1호선으로부터 4호선까지의 운행수입을 분석한 결과이다.

서울시의 엄청난 예산은 상당 부분 지하철 수입으로 충당되고 있는데 이 재원을 통해서 서울 시민들이 직접적으로 혜택을 입는 수많은 사업과 프로젝트 개발이 이루어지고 있다.

청계천은 하나의 개천이었지만 서울시가 리모델링을 통해 도시의 주요 명소로 모습을 바꾸었다.

서울시 홈페이지(spanish.seoul.go.kr)에서는 365일 24시간 운영되는 응급콜센터부터 청계천을 비추는 조명탑 그리고 다양한 볼거리를 제공하는 유명한 Hi Seoul 페스티벌 등을 검색할 수 있다.

> 금요일은 하루 평균 **451**만 **4**천 명이 지하철을 이용하여 역대 최대의 하루 평균 이용객수가 기록된 날이었다. 토요일이 가장 한가해서 **379**만 **9**천 명의 승객이 지하철을 탔다.

하지만 이제 서울의 관심은 어떻게 일반 승객들에게 시각적으로 아름다운 모습을 보여줄 것인지 그리고 장애인들에게 어떻게 더욱 편리한 서비스를 제공할 것인지에 있다.(서울시 스페인어 홈페이지 참조)

서울 지하철은 도시 교통문제의 해결수단에 그치는 것이 아니라 대도시 발전을 독립적으로, 그리고 지방정부의 도움에 의존하지 않고 달성할 수 있도록 하는 주요 재원 창출원이 되고 있다.

Santo Domingo 지하철

도미니카 공화국의 특징적인 정체성에 대한 심도 있는 사회학적 분석이라는 시각에서 보면 Santo Domingo 지하철 건설은 하나의 흥미로운 현상이다.

처음에는 이 프로젝트에 대한 반대가 컸다. 각종 반대 의견이 쏟아졌고 일부에선 찬성하는 사람들도 있었다. 하지만 시민들이 시내를 다니는 객차들을 보기 시작하면서 지하철 사업은 많은 공감과 인기를 얻게 되었다.

도미니카 공화국에서 최근에 나타난 가장 애국적인 모습들이 지하철 1호선 시험 운전 때 연출되었는데 특히 우리나라 대통령이 2008년 2월 27일 역사적인 연설을 행한 후 처음으로 주행하게 되어 더욱 분위기가 뜨거웠다.

그 모습을 찍은 비디오 화면을 보면 지하철이 운행되는 구간을 따라 시민들이 집에서 나와 국기를 들고 흔들거나 집에 게양한 장면이 나타난다.

틀림없이 초기에 있었던 비판적인 의견에도 불구하고 Santo Domingo의 지하철은 도미니카 공화국이 실시했던 대형 국책사업 가운데 국민의 사랑을 가장 많이 받은 사업이다. 그리고 그러한 사실은 2008년 책 박람회가 개막하자 전국에서 이 문화행사를 보기 위해 몰려든 수천 명의 일반 학생들과 시민들을 수송하기 위해 운행시간을 연장해야만 했던 시기에 더욱 확연해졌다.

스마트카드

지하철과 연계해서 또 한 가지 주목을 끄는 것은 전자지불카드 또는 스마트카드이다.

얼마 전 한국에서 버스와 지하철 등 대중교통을 이용할 때 사용하는 선불카드 서비스를 제공하는 업체 관계자가 서울 공관으로 찾아왔다.

그리고 필자는 승객의 지불방식이 어떻게 작동하는지에

대하여 설명을 흥미 있게 들었다. 이 제도는 돈을 노리는 절도나 운전사 살해 등을 방지하는데 효과가 있다.

스마트카드는 버스와 지하철의 지불수단으로 사용될 수 있고 상점과 주유소에 있는 많은 24시간 편의점에서 사용되기 시작했다.

스마트카드는 사용자가 미리 일정 금액만큼의 운행요금을 충전하는 카드를 구입하고 잔액이 소진될 때까지 사용하며 잔액이 다 없어지면 충전하는 현대적인 개념의 선불제도이다.

필자는 업체 관계자의 설명을 듣고 서울의 교통요금 지불카드 운영 회사를 찾았다. 이 회사의 대표가 말하기를 장비설치 비용이 가장 큰 투자를 요하는데 장비들은 카드 리더기와 신호를 받아 처리하는 정보처리장치로 구성되어 있다.

이 데이터 처리장치는 승객 수, 버스 또는 지하철이 가장 많이 사용되는 장소와 시간 등의 정보를 분석하고 이를 통해 차량의 운행을 최적화하며 연료소비를 절감하는데 기여한다.

신기하고 흥미로운 사실은 동일한 카드를 가지고 지하철과 버스 두 교통수단을 환승해도 동일한 금액을 지불한다는 것이다.

교통카드를 이용하여 50퍼센트까지 운임을 할인 받을 수 있다. 선불카드제도를 이용해서 서울시는 세금의 일정 부분을 지하철 보조금으로 사용하도록 승인했다.

서울에는 적어도 900만 명이 스마트카드를 사용한다. 필자가 이 말을 듣고 그 기업 대표에게 우리 도미니카 공화국의 인구수와 같다고 하자 모두들 웃음을 터트렸다. 그리고 그 회사의 스마트카드 운영을 위해 하루에 300만 불의 자금을 운전시킨다고 했다. 이 회사는 이 기금이 은행에 예치되어 발생되는 이자의 일정부분을 장비투자비용으로 사용할 수 있도록 하는 협정을 거래 은행과 체결했다.

> 신기술을 통해서 한국 국민들은 세계에서 가장 저렴한 교통비를 지불하게 되었다.

이 나라엔 절도와 강도 같은 범죄 문제가 없다. 운전사도 승객도 현금을 사용하지 않는다. 모든 것이 카드 지불 방식을 통해 이루어진다.

제10장 에너지 외교

한 달에 몇 번 서울 주요 도로는 두 세 시간 동안 개인 승용차의 운행이 금지된다. 대중교통수단, 버스 그리고 지하철만 운행한다. 이 시간 동안에는 시민들이 걷거나 자전거를 타고 다니거나 Santiago de los Caballeros에서처럼 마차를 타고 이동한다. 연료절감을 위해 시행하는 정책이다.

필자는 한국에 3년 이상 살면서 한 번도 정전을 경험하지 못했다.

도미니카 공화국에서 언론이 지역 텔레비전 유명 인사를 출연시켜 전기료를 납부해 줄 것과 전기를 훔치지 말 것을 요청하는 형식의 캠페인을 벌이곤 하는데 한국에선 그런 캠페인을 본 적이 없다.

한국에는 전기료를 측정하는 계량기가 있어서 계량기 없이는 전기를 공급받지 못한다. 서울 전역의 가정들은 천연 가스를 공급받는다.

화력이 좋은 스토브는 에너지를 적게 쓰면서도 짧은 시간에 음식을 요리해낸다. 그리고 석유가의 인상으로 에너지를 절약하는 상황임에도 불구하고 낮보다 밤이 더 밝아 보일 때가 있다. 왜냐하면 낮에는 안개가 끼어 시계를 흐리는데 비해 밤엔 안개가 걷혀 밝은 조명에 의해 밝게 보이게 되는 현상 때문이다.

첨언하면 대한민국의 이명박 대통령이 부임하면서 배럴당 100달러가 넘는 유가에 대처하기 위해 일명 '에너지 외교' 정책이 채택되었다는 것이다.

이 정책에 따라 한국 정부는 금년에 석유와 가스 분야 개발을 목적으로 3576억 원(3억 7,810만 달러)의 해외 한국에너지기업 지원 기금을 조성했다.(참조 http://spanish.korea.net).

산업자원부의 보고에 따르면 이 기금의 대부분은 러시아의 캄차카 서해, 아제르바이잔의 Imán 평야 그리고 다른 해외 사업을 지원하기 위해 사용될 것이다. 산업자원부 유전개발팀장은 전체 투자 금액의 96퍼센트에 해당되는 3,428억 원이 해외 사업에 투입될 것이라고 말했다.

또한 한국가스공사는 우즈베키스탄의 국영기업 Uzbeknefgaz와 2007년 2월 말 협정을 체결하고 중앙아시아에서 공동으로 가스전 개발에 참여하기로 했다고 한국 정부 관계자들은 전했다.

한국석유공사가 주도적으로 참여하는 컨소시움 관계자는 2008년 2월 28일 1억 9,500만 달러 규모의 멕시코 만 가스전 개발권을 획득했다고 말했다.

2007년 2월 14일 목요일 한국의 에너지 개발업체들은 향후 2년 동안 한국에 공급하기에 충분한 양의 원유가 매장되어 있는 이라크 북부의 4개 유전 개발권 협정도 체결했다고 발표했다.

국영기업인 한국석유공사(KNOC)가 주도적으로 참여하는 컨소시움과 Kurdistan 이라크 자치주에서 온 정부관계자들은 현지 에너지개발 기업들에게 매장되어 있는 15억에서 20억 배럴 규모의 원유 개발권을 허용하는 협정을 조인했다.

국민들이 성실히 전기료를 납부하는 나라인 한국에는 정전이 없고 또 이 나라는 천연가스 플랜트와 화력발전소를 건설하면서도 핵에너지를 사용하는 정책을 취한다. 한국에선 시민들이 걸어서 다닐 수 있도록 또는 대중 교통수단을 이용하여 에너지를 절감할 수 있도록 주요도로의 승용차 운행이 일정시간 금지되는 날들이 있다.

석탄화력발전소

일간 신문 Hoy는 일면에 '한국기업이 석탄을 연료로 하는 발전소 건설을 위해 5억 달러 이상을 투자할 것'이라는 계획을 어제 서울에서 발표했다고 로이터 통신을 인용 보도했다.

그간 우리 도미니카 공화국의 주요문제들에 대한 해결책을 마련하는데 도움을 주기 위하여 아국의 대통령이 비전을 제시하고 이를 달성하기 위한 의지 표현의 일환으로 서울에 있는 도미니카 공화국 외교사절단이 2004년 말부터 한국의 투자를 유치하기 위해 지속적으로 기울인 노력이 결실을 맺은 것이다.

Haina 발전소를 석유 발전소에서 석탄발전소로 교체하게 되면 도미니카 공화국은 유가 변동에 대한 의존도를 낮출 수 있고 다른 한편으로는 에너지 생산비용을 절감할 수 있다.

한국전력(KEPCO)는 2007년 4월 18일 금요일, 도미니카 공화국에서 5억 달러 규모의 석탄 발전 플랜트 시공 및 운영을 위한 협정이 체결되었다고 발표했다.

"24만 킬로와트의 발전용량을 갖추게 될 국영에너지 회사인 이 발전소는 석유 플랜트를 대체할 것이다"라고 밝혔다.

한국의 에너지 협력

2005년 11월 3일 도미니카 공화국 전력청(CDEEE)의 부청장 참조로 외교부에 발송된 외교 문서에는 "우리는 오늘 오랜 세월 동안 축적되어온 한국의 전기 발전, 운용 및 배전 경험을 이용하여 우리 도미니카 공화국의 고질적인 에너지 상황을 해결할 수 있도록 기여하는데 관심을 보인 한국전력 한준호 사장과 유익한 대화를 가졌다"는 내용이 포함되어 있었다.

한준호 사장은 한국전력은 도미니카 공화국 전력청과의 협력협정 체결을 환영한다고 밝혔다. 그리고 도미니카 공화국에게 도미니카 공화국의 전기시스템과 발전 및 배전 상황을 진단하고 의향서를 체결할 수 있도록 한국전력 기술위원들의 방문을 수락하는 전력청의 서한 발송을 요청하였다.

그리고 "현재 한국전력은 리비아와 협력협정을 체결하였고 이와 유사한 성격의 협정을 도미니카 공화국과 체결하는데 관심을 가지고 있다"고 밝혔다.

한준호 사장은 또한 그 통보서한의 목적은 도미니카 공화국 전력청이 한국전력과 협의를 시작할 수 있도록 하는 내용을 알리는 것이라고 말했다.

이것은 한국과 도미니카 공화국 최초의 의미 있는 접촉이었으며 한국의 주요 전력회사로 하여금 도미니카 공화국 시장에 관심을 갖도록 한 사건이었다. 필자는 그때 도미니카 공화국은 석탄을 이용하는 발전 사업 개발에 큰 관심이 있다는 것을 언급하였다.

개발의 배경

필자는 다른 동료들과 함께 2004년 출범시킨 신정부 초기 시절부터 석탄발전 사업을 시작할 필요가 있다는 구상을 우리나라 대통령께 전하는 일을 맡게 되었다.

필자는 1억 4천만 달러의 개런티를 기준으로 600메가와트 사업을 개발할 용의가 있었던 말레이시아 투자자를 대통령에게 소개하기도 했다.

이 기업인은 대통령에게 석탄발전소의 장점에 대한 관심을 갖도록 하는데 성공을 거두었다. 우리는 당시의 Danilo Madina 국무장관과 전력청 행정관이 이끄는 위원회 대표들을 미국으로 보내어 석탄발전소의 운영을 시찰하도록 하였고 설치가능한 장비들에 대하여 조사하도록 하였다.

하지만 그 계획은 실패로 돌아갔다. 다른 이유도 있었지만 세계은행의 압력에 부딪혀 전력청은 2006년 초 1,200메가와트

급 발전소 건설을 위한 입찰을 실시하기로 결정했다. 시간이 흘러 2008년 3월이 되었지만 석탄발전소 공사는 아직 첫 삽도 뜨지 못했다.(2008년 3월 28일 Listin 섹션 D)

그때부터 도미니카 공화국의 에너지 상황은 더욱 나빠졌다. 정전 사태는 계속해서 벌어졌다. 도미니카 공화국 전력(Superintendencia de Electricidad)의 홈페이지에 나타난 오전 8시(2008년 8월 11일 월요일) 전력생산은 1,451메가와트 수준에 머물러 있었고 250메가와트가 부족했다.(www.elnacional.com.do)

한편 도미니카 공화국 국영 전력회사 대표는 기존의 에너지 생산 위기를 극복하기 위해서는 국가는 물론 다른 관련 주체들이 공동 책임을 갖고 해결책을 모색해야 한다고 지적했다.

한준호 한국전력 사장과 함께 찍은 사진. 당시 한준호 사장은 도미니카 공화국의 전력공급 확대 협력 협정을 체결할 용의를 밝혔다.

제11장 문화 스포츠 관광

스포츠 댄스

한국은 자연과 운동 그리고 천연음료와 건강음료를 사랑하는 나라다.

한국의 신문 Korea Times는 한국 사람들이 가장 많이 추천하는 10개의 다이어트 권장 사항 중에서 라틴음악이 3위를 차지했다고 발표했다.

첫 번째는 런닝머신을 이용하거나 달리기를 통해서 85킬로그램의 체중이 나가는 사람이 30분 만에 약 740칼로리를 소비할 수 있도록 한다. 두 번째는 태국의 복싱으로써 30분마다 500칼로리를 소비할 수 있다. 세 번째가 라틴 음악인데 칼로리 소비를 위해 사용되는 가장 즐겁고 효과적인 감량 수단이 된다. 격렬한 춤은 500칼로리를 줄여준다. 다음 순위로는 경보, 에어로빅, 수영, 자전거 타기 등이 있다.

물론 한국의 영문판 신문들에서는 라틴 음악에 맞추어 춤을 출수 있는 장소를 알려주는 광고를 찾아볼 수 있다. 스페인어로서는 Sabroso(맛있는, 유쾌한)라는 동의어를 사용한 영어 광고문은 다음과 같이 쓰고 있다:“A beautiful(an large) wooden dance floor for serious south of the river. Plays mostly Salsa and some Merengue and Bachata. Open p.m. to 2 am. weekends.”

광고에는 찾아오는 길이 소개되어 있지만 한국에선 대부분의 주소가 지하철역을 중심으로 안내되고 있다. 주소에는 도로 이름이 명확하게 나오지 않고 주소가 적혀 있는 집도 드물다. 그래서 참고로 지하철역 노선 번호, 역 이름, 그리고 출구 번호를 표시하고 전화번호를 알려준다. 모두가 휴대폰을 사용하므로 전화를 걸어서 질문하기도 한다. 그렇게 목적지까지 찾아 가는 것이다. 한국어가 아니면 길 찾기가 쉽지 않을 수 있다.

비록 가끔은 다른 라틴음악도 사용되긴 하지만 가장 일반적이고 선호되는 라틴댄스는 메렝게, 살사 그리고 바차타이다.

인터넷엔 살사 춤을 추는 클럽 광고가 많은데 영어와 스페인어로 안내하는 곳은 거의 없다. http://www.salsapower.com/cities 에서 영어로 된 정보를 얻을 수 있다.

서울의 명소 압구정동에는 뉴욕 또는 쿠바 스타일의 살사 레슨을 하는 곳이 있다. 그리고 라틴 리듬을 가르치는 다른 교습소도 볼 수 있다.

이태원에서는 주말마다 라틴 춤을 추는 중남미계 군인들이 넘쳐나는 모습이 흥미롭다. 중남미 사람들과 미국인들만 이태원에 가는 것이 아니라 많은 한국 남녀 시민들이 라틴 춤을 즐긴다.

한국 전역에서 살사와 메렝게 열풍을 일으킨 장본인은 1999년에 라틴 리듬의 댄스곡 '선택'을 부르며 1999년 데뷔한 여자 가수 백지영이다.

참고로 한국 여성들은 메렝게, 살사 또는 바차타를 배우기 시작하면 어떤 중남미 사람보다도 잘 할 때까지 배운다. 리듬에 전문가들인 푸에리토리코 사람이나 도미니카 공화국 사람 부럽지 않은 실력을 갖출 때까지 끊임없이 배우는 한국 사람들의 특유한 문화 덕분이다.

필자도 두 세 곳을 방문해 보았는데 메렝게, 살사, 바차타 그리고 차차차를 날을 정해서 번갈아 교습하고 있었다. 교습은 초급, 중급 고급으로 나누어 진행하며 어떤 한국 사람들은 완벽하게 출 수 있을 때까지 최장 6개월까지 꾸준히 배운다.

커플 춤은 즐겨하지 않는다. 많은 사람들은 적당한 댄스복을 준비해 간다. 일부는 소위 '땀복'을 챙겨 가기도 한다. 일반적으로 댄스화도 가져가서 수업 시간에 사용한다. 댄스는 단순히 말해서 하나의 운동이다. 체중을 감소하기 위해서만 라틴댄스를 추지 않는다. 대부분은 그럴 필요가 없고 그냥 라틴댄스를 통해 즐거움을 만끽할 뿐이다.

영화감상과 중남미 영화

라틴 분위기는 주말 클럽 밤에만 느낄 수 있는 것이 아니다. 그것은 일부분이고 어쩌면 가장 중요하지 않은 부분일지도 모른다. 한국에는 다른 중남미 관련 행사가 활발하다.

언젠가 스페인 대사관은 일주일 동안 서울에서 한국어 자막을 넣은 스페인 영화 주간을 개최했다. Julio Medem과 Alejandro Almódovar 감독의 영화 축제였다. 한국어와 영어로 홍보된 그 행사에서 몇 편을 감상할 수 있었다. 갈 때마다 영화관은 정말 만원이었다. 영어로 작성된 얼마 안 되는 분량의 언론 보도에도 사람들이 영화관을 찾은 것이다.

2007년 10월 도미니카 공화국 대사관이 영어 자막 처리된 도미니카 공화국 영화를 상영했었을 때 많은 사람들이 찾았지만 한국어 자막이 있었더라면 훨씬 많은 사람들이 보러 갔을 것이었다.

또한 Roldan Mármol 같은 도미니카 공화국 예술인들이 한국에서 개최된 음악 및 미술 거장전을 통해 소개되었다. 서울에서 도미니카 공화국과 중남미 국가들의 미술전이 많이 개최되었다.

스포츠 외교

얼마 전부터 한국은 중요한 국제 스포츠 행사를 유치하기 위해 국내외적인 전략 수립을 위한 스포츠 외교 활동 구상을 실행하기 시작했다. 그리고 이러한 유치노력은 도미니카 공화국의 많은 스포츠 행사 유치 활동에 유용하게 활용될 수 있는 자료가 될 수 있다.

서울에서 남동쪽으로 약 300킬로미터 떨어져있는 도시인 대구는 모스크바와 브리즈번을 제치고 2011년 세계육상선수권대회를 유치했다. 한 연구결과에 따르면 이 행사는 5,000개의 새로운 일자리를 만들어낼 것이며 한국인들에게 7,100만 달러의 외화소득을 가져다 줄 것이다.

아시아올림픽평의회는 한국에서 세 번째로 큰 도시 인천이 2008년 4월 17일에 2014년 개최될 제17회 아시안게임 개최권을 획득하였다고 발표하여 한국전체가 열광했다. 그리고 이 기쁨은 여기서 그치지 않는다. 인천시는 2,000만 달러의 외화소득을 올리게 되고, 스포츠 후진국들에게 스포츠와 훈련시설 전문가들을 보내 연수 프로그램을 제공할 계획이다. 인천시는 일부 참가자들에게 항공료와 숙박비도 제공할 계획이다.

인천 아시안게임은 270만의 인구와 한국 최대 공항을 보유한 인천시에 27만 개의 신규 일자리를 창출할 것이다.

애널리스트들은 대구와 인천의 국제적인 스포츠 행사 유치를 한국 스포츠 외교의 성공적인 신호탄으로 본다.

대구를 둘러싸고 있는 경상북도는 실무그룹을 조직하여 완벽한 대회 준비를 해 나갈 계획이다. 이 실무그룹은 대회기간 동안 외국 육상선수와 방문객의 숙박문제를 어떻게 성공적으로 해결할 것인지 검토할 것이며 외국인 관광객들을 위한 홈스테이 프로그램 실시도 고려하고 있다.

국제행사를 찾는 방문객들이 서울도 방문하여 지역 경제에 도움을 줄 수 있기 때문에 서울시 관계자들도 국가 전체에 도움이 되는 효과를 거둘 것으로 전망한다.

Santiago와 카리브 시리즈

2007 카리브 베이스볼 시리즈가 열렸던 Santiago시도 이러한 스포츠 외교가 있었다면 보다 큰 성공을 거둘 수 있었을 것이

다. 인접지역인 Puerto Plata, Jarabacoa, Montecristi와 Santiago 시의 관광 프로그램을 체계적으로 연계해서 실시했다면 행사에도 더욱 큰 도움이 되었을 것이다.

이런 한국의 경험은 다음 기회에 잘 활용할 수 있을 것이라고 기대한다.

여수엑스포

대구와 인천이 거둔 승리의 기쁨이 채 가시기도 전에 한국은 2012년 여수박람회를 유치하기 위해 국제박람회위원회(Consejo de Exhibición Internacional) 관계자들의 방문을 맞이하게 되었다.

부통령에 해당하는 한국의 국무총리가 주최한 리셉션은 위원회의 한국방문 환영리셉션이었다. 이 자리에서 서울에 파견된 모든 외교사절이 초청을 받았다. 그리고 평가위원회에게 좋은 인상을 남기기 위해 모두가 극진한 대접을 받았다.

2012 여수세계박람회는 해양 및 천연자원의 보존을 홍보하기 위한 기회가 될 뿐 아니라 수백만 달러의 소득, 그리고 9만 개의 신규 일자리를 창출하게 된다.(참조: 2007년 4월 13일, Korea Herald 기사, 외교통상부 조정표)

한국은 국가와 지역사회의 경제활성화를 위해 이러한 성격의 국제행사들이 얼마나 중요한 지를 명확하게 인식하고 있다.

결국은 스포츠와 외교가 접합된 새로운 분야인 스포츠 외교를 경제활성화라는 목적을 위해 얼마나 창의력 있게 개척해 나갈 것인가라는 문제가 중요하겠다.

한국의 골프

한국에서 골프는 가장 인기 있는 스포츠 가운데 하나이다. 그것은 곧 모두가 골프장에서 즐긴다고 보기보다는 많은 사람들이 체육관이나 마사지센터 같은 장소에서 연습한다는 의미에서 그렇다는 것이다. 한국에는 골프전용연습장도 있다.

그리고 컴퓨터 시뮬레이션 프로그램을 통해 실제로 골프장에서 치는 것과 같은 효과를 내는 스크린 골프 연습장도 있다. 골프공을 골프채로 치면 모니터는 날아간 공의 거리를 계산해 준다. 또한 어떻게 공을 맞추었는지 그리고 어떻게 공을 보내야 하는 최적의 방향은 어딘지를 표시해 준다.

골프 챔피언

어느 날 아침에 일어났을 때 잠이 부족한 걸 느꼈다. 잠을 충분히 못 잤던 것이다. 몇 번 자다 깨다를 반복한 후 골프약속이 있어서 더 이상 누워있을 수 없었다.

그래서 아침 6시 30분, 이른 시간에 서울에서 한 시간 거리에 있는 골프장에서 개최되는 경기에 참석하기 위해 준비를 해야만 했다. 이 경기는 Korea Herald와 신라호텔이라는 한국의 큰 기업들이 주최했는데 이 기업들은 한국의 최대 기업 삼성그룹의 계열사이다.

골프장은 유명한 골프장이었지만 11월의 초에는 골프장 특유의 녹색이 없어지고 추위가 느껴지기 시작했다.

우리가 도착했을 때는 아침을 챙길 여유도 없었다. 경기에 앞서 기념사진을 촬영하고 있었고 뒤늦게 합류했을 때에는 마지막 플래시가 터지고 있었다. 그리고 곧장 준비에 들어갔다. 골프채를 잡고 몇 번 워밍업 스윙을 했다.

캐디의 안내에 따라서 몸을 푸는 시간에 같은 팀의 사진도 찍었다. 그리고 제비를 뽑아 순서를 정하였는데 나는 마지막 플레이어였다. 기분은 괜찮았다. 다른 선수들이 치는 스타일, 거리를 볼 수 있었고 골프장을 파악하고 친숙해지며 처음에 페어웨이 어디로 공을 보내야할 지 살필 수 있었기 때문이다.

늘 그렇듯이 처음엔 경기에 잘 적응하지 못해서 첫 홀은 조금 어렵게 지났다. 하지만 스코어카드를 보았을 때 우리 모두가 파 5에서 여섯 타를 쳐서 보기 즉, 기준 타수보다 한 타를

한국의 반기문(사진 중앙) 장관이 시그너스 골프클럽에서 한국에 파견된 외교사절과 자리를 함께 하고 있다.

더 친 것을 알게 되었다. 골프용어로 '보기'라고 한다. 다음 홀부터는 자신감을 갖게 되었다.

그린 위에서가 더 문제였다. 퍼팅이 잘 안되었던 것이다. 롱샷은 훨씬 좋아졌다. 오히려 기준 타수보다 적은 타수로 그린에 안착했다. 하지만 퍼팅은 투 퍼팅과 쓰리 퍼팅이 이어지면서 평균타수를 올리고 말았다.

18홀 라운딩이 끝나고 우리는 샤워를 하러 갔다. 한국과 아시아에서 함께 샤워하러가는 건 신기했다. 함께 목욕하는 일이 일반적인 일이다. 모든 사람들이 옷을 벗고 샤워를 하고 다른 사람의 벗은 모습을 볼 수가 있다. 필자처럼 습관이 되어 있지 않은 사람은 부끄러움이 들었다. 샤워가 끝나면 몸을 풀어주는데 탁월한 효과가 있는 뜨거운 열탕이 있는 사우나로 가서 골프 운동 후에 생기는 근육통을 진정시킨다.

나는 사실 마지막 등록 선수였다. 그리고 나중에 알게 되었지만 경기에 참여한 초청자들이 모여 있었던 홀로 갔을 때 싱가폴과 과테말라 대사께서 축하의 말을 하기 시작했다. 나는 왜 나에게 "챔피언 축하해요"라고 말하는지 몰랐다. 그들 중에 한 사람은 영어로 다른 사람은 스페인어로 축하한다고 했다.

필자는 영문을 몰랐다. 그리고 내게 리스트를 보여주었을 때 내 이름 옆에는 우승자라고 쓰여 있었다. 순간 나는 "내가 우승인가?"라고 자문했다. 왜냐하면 그 결과를 믿을 수가 없었기 때문이다. 그리고 실제로 얼마 시간이 지나자 우승한 사람들을 순위대로 부르기 시작했고 내 이름은 가장 마지막에 불렸다. 그날의 최우수 선수상이었다: 제11회 주한 외국대사 골프 경기에서 우승을 한 것이었다.

그리고 흥분은 가라앉지 않았다. 사람들은 몇 마디 하라고 청해왔다.

2005년 9월 11일 The Korea Herald 신문 1면에 골프우승자를 뜻하는 'Winner'라고 쓰여진 상패를 받는 모습의 기사가 나왔다.

태권도 훈련

얼마 전 한국에서 태권도 훈련에 참여해 보려고 했었지만 실행에 옮기지 못하다가 결국 결단을 내려 찾아갔다.

태권도를 가르치는 학교에 가서 내 소개를 마치자 매우 정중하게 예우하며 나를 환영했다. 필자가 초록 띠를 땄다고 말한 적이 있는데 그때 가져간 것은 노란 띠였다. 그러자 나에게 초록 띠를 구해주었다. 나를 마치 오랜 기간 태권도를 하기나 한 사람처럼 훈련 시켰다. 앞차기, 옆차기, 돌려차기 그리고 다른 연속동작 훈련도 했다. 물론 '품새'라고 하는 훈련도 했는데 약 20여 개의 몸동작으로 구성되는 가상 대련 자세였고 처음 동작에서 시작하여 동일한 동작으로 마감되는 훈련 방법이었다.

발차기 연습에선 높은 옆차기를 제외하곤 잘 해내었다. 사실 태권도를 안 한지 1년이 넘었을 때였다. 하지만 늘 걷고 다른 운동을 쉬지 않아서 그렇게 몸 상태가 나쁘지는 않았다. 청소년 시절에 태권도를 약 8년 동안 수련한 적이 있다. 하지만 그때부터 오랜 시간이 흘렀다. 그래서 한국에선 천천히 강도를 조절하며 훈련을 받았다.

마지막으로 태권도 학교 교사는 10개월 후 그러니까 10월에 검은 띠 승급시험을 치루겠다고 했다. 고작 한 번의 수업을 마친 첫날 그것은 커다란 과제였다. 수업이 워낙 엄격해서 외교업무 수행에 쫓기다보니 계속해서 수련을 받을 수 없었다.

운동 또는 태권도 훈련 그 자체가 중요한 것이 아니라 도미니카 공화국의 대사가 한국의 국가 스포츠인 태권도를 시도했다는 것이 특별한 의미가 있다고 하겠다. 시간이 많이 지나지 않아서 유력 태권도 전문잡지는 한국에서 필자가 받은 태권도에 대한 인상과 개인적인 경험을 밝혀 달라는 요청을 한 후 인터뷰 기사를 실었다.

비즈니스 관광

만약 한국이 중요하게 보는 관광사업이 있다면 그것은 국제회의, 박람회, 전시회 또는 다른 유형의 국내외 행사에 참석하기 위해 오는 방문객의 비즈니스 관광 관련 사업이다.

비즈니스 관광이란 비즈니스 여행으로부터 파생되는 관광사업으로 이해된다. 비즈니스 관광객들은 휴식을 목적으로 하는 관광객보다 경제적인 문제에서 자유롭다. 평균적으로 순수한 관광객들보다 하루 두 배 정도의 지출을 한다. 비즈니스 일정에 따라 완전히 여가시간을 이용할 수 있는 여부에 따라 지출이 결정되는 것이다.

한국에는 COEX라고 알려진 방대한 면적의 종합전시장이 있다. 무엇이든 없는 것이 없는 방대한 건물이다. 홈페이지는 http://www.coex.co.kr/eng/index.asp이다.

1979년부터 한국무역협회의 소유로 되어있지만 현재 공공기관 및 민간기업 등과 협조하며 독자적으로 운영되고 있다. 주변지역에는 무역협회 주요 사무실 이외에도 호텔, 상점 및 식당들이 입점해 있어서 매달 개최되는 각종 전시회에 참가하는 사람들에게 원스톱 서비스를 제공한다. 내부에는 전시장과 국제회의장 이외에도 전시관과 수족관 등이 있다.

또한 KINTEX(www.kintex.com)는 더욱 최근에 설립된 종합전시장이다. 2005년 개장되었고 매달 다양한 행사를 개최한다. 아직도 규모 확장과 개발이 이루어지고 있는 과정에 있고 박람회와 행사 개최로 늘 부산한 모습을 보이고 있다.

최근에 KINTEX에서 열린 꽃 박람회를 찾을 기회가 있었다. 그렇게 넓은 지역에 다양한 꽃과 식물을 전시한 모습을 어디서도 본적이 없었다. 하지만 가장 주목을 받은 것은 다채로운 꽃이 만발한 전시장을 가득 매운 어린이들과 그들의 천진함에서 나오는 즐거운 모습이었다.

길거리 전시회

도미니카 공화국에서는 자동차박람회 등 다양한 박람회가 개최되었다. 그리고 필자는 실내 공간이 부족하여 길거리에 부분적으로 전시해 놓은 모습을 본적이 있다. 그리고 은행 주차장에까지 전시대를 설치하기도 하였다.

간단히 말해서 국제회의, 박람회 또는 전시회를 할 장소가 여전히 없는 것이다. 축산박람회장은 국제적 행사는 고사하고 국가 규모의 행사를 열기에도 적절한 여건을 갖추지 못하고 있다.

콜롬비아의 Intercontinental Medellín 호텔 지배인은 도미니카 공화국 카리브지역에선 Santo Domingo가 비즈니스 관광의 최적지이며 제대로 된 컨벤션센터의 건립이 급선무라고 강조했다.

비무장지대와 지속가능한 관광

한 번은 서울의 한 호텔에서 한국의 명소를 소개하는 팜플릿을 읽게 되었다. 그중에 한 책자가 눈길을 끌었는데 바로 남북한 국경을 방문하는 프로그램이었다.

어느 일요일 필자는 에콰도르와 파나마 대사관의 공사들과 함께 비무장지대로 향했다.

버스로 한 시간 남짓 달린 후 한국 군인들의 엄격한 비자심사를 거친 다음 우리는 소위 비무장지대에 도착했다. 사실 그곳은 비무장지대였지만 무장되지 않은 것이 하나도 없었다. 표현하기가 조심스럽지만 비무장 지대가 아니었던 것이다.

특이하게도 그곳의 분위기는 전시회 분위기였다. 처음엔 국경선 끝으로 연결되어 있었던 터널로 우리들을 안내했고 30분을 넘게 걸어서 가시철망이 많이 달린 콘크리트벽에 도달했는데 그 철망엔 통행금지라는 지시가 쓰여 있었다. 그리고 그곳에서 우리는 돌아와야 했다. 우리들은 한국의 분단과 한반도 안정화를 위해 미군이 참여했다는 내용의 영화를 감상했다. 많은 사진들, 기념품들, 식당, 아이들이 노는 회전의자, 사진 촬영을 위한 장소들 그리고 두 나라를 나누어 놓는 국경선에 대한 설명을 하는 전시관 안의 병사의 모습이 우리가 거기서 본

것들이었다.

돌아와서 우리들은 보석가게를 둘러보았다. 그렇게 네 시간의 관광이 끝이 났다.

필자가 보기에 이것이 바로 지속가능한 관광의 분명한 사례이다. 도미니카 공화국의 관광도 훌륭하게 따라갈 수 있는 길이다.

제12장 대통령 방한

2006년 6월 Leonel Fernández 대통령과 수행사절단이 한국을 방문했다. 이 방문을 통해 양국의 관계강화에 대한 관심이 크다는 사실이 확인되었다.

2004년 필자가 신임장을 제정했을 때 당시의 대통령은 노무현 대통령이었고 노 대통령은 한국과 도미니카 공화국의 유대관계가 더욱 중요성을 띠게 될 것이라는 확실한 징표라고 표현했다.

40년 이상의 외교관계를 통해서 도미니카 공화국의 원수가 처음으로 한국 땅을 밟은 것이다. 한국인들과 도미니카 공화국 국민들에게 우리나라의 대통령이 한국을 찾은 것은 의미심장한 일이었다.

서울에 있는 도미니카 공화국 대사관에서 3년간 집무했던 기간에 관한 비망록, '한국에서의 3년의 결실(Tres Años de Logros en Corea)'에서 필자는 그 방문의 성과를 측정하는 최선의 방법은 방문 기간 동안 체결된 전체 6개에 이르는 협력협정의 수라고 말했다.

그리고 그것은 사실이었다. 1982년부터 한국과 우리나라는 단 한 개의 협정도 체결하지 못했었다.

서울 대사관에서 집무를 시작한지 3년 9개월 동안 17개의 양국 협력협정이 조인되었다.

이전의 행정부로부터 오랜 기간 동안 투자보장협정과 상호인정을 위한 협정을 체결하자는 제안이 있었지만 그것은 희망에 불과했다. 도미니카 공화국 대통령의 방한으로 오랜 바람이 가장 먼저 결실을 맺게 되었다.

'투자보장 협정이란 무슨 의미를 가지는가?' '왜 이 협정이 중요한가?'

이 협정은 양국의 기업들이 공정하고 평등한 처우를 받으면서 적절한 투자환경 속에서 투자할 수 있도록 보장해주는 협정이다. 이 협정이 없으면 한국이 우리나라에 투자를 해도 아무런 보장을 받을 수 없다.

또 다른 중요한 협정은 경제개발협력기금(EDCF)과 관련된 협정으로써 대한민국이 한국수출입은행(EXIMBANK)을 경유하여 도미니카 공화국 개발프로젝트 시행을 지원하도록 하는 차관 협정이다.

도미니카 공화국의 관세청은 이 기금으로부터 통관절차 현대화를 위해 2,100만 달러를 제공받아서 상품의 수속시간과 비용을 절감할 수 있게 되었다. 그리고 교육당국은 우리나라에 E-learning을 도입하기 위한 기금 마련에 관심을 보이고 있다.

한국무역협회와 도미니카공화국 수출투자청도 협정을 체

결해서 도미니카 공화국의 한국투자도 더욱 늘어날 것이다. 이 두 기관과 관련된 기업의 수가 8만 개이고, 이 중에 200개 기업 대표들이 2007년 6월 30일 오찬에서 직접 Fernández 대통령의 연설을 들었다. 2006년 12월 한국과 도미니카 공화국의 비즈니스 세미나에 이미 무역협회 대표가 참석을 하기도 했다.

또 하나의 협정은 사이버 파크와 한국의 KIST가 체결한 것으로 그 목적은 산업 및 정부 부문에 적용되는 기술 분야에서 한국의 투자를 늘리는 것이었다.

한국의 수입업협회(KOIMA)와 CEI-RD 간에도 협정이 체결되어 도미니카 공화국의 제품들이 한국시장에 수출될 수 있는 길을 열었으며 그 규모를 확대할 수 있게 되었다.

이러한 협정들의 결실로써 도미니카 공화국 기업들은 2007년 한국수입박람회에 자사 제품들을 출품했고 우리나라의 주요 주류제품 홍보 사업도 펼치게 되었다.

아국 대통령이 방한하기 전에 이미 필자가 부임한 서울의 도미니카 공화국 대사관은 양국의 교육부, 우리나라의 고등교육부와 안동대학교, 그리고 도미니카 공화국 정보통신연구원과 한국의 정보통신부가 협정을 체결하는 업무를 관장했었다.

그리고 Fernández 대통령이 한국을 방문한 후에 여러 기관과 협력협정이 체결되었다:

- 한국식품연구원
- 도미니카 공화국 OPTIC 한국과학기술부
- 한국바이오산업협회(Asociación de Empresas de Biotecnología de Corea) CEI-RD

- KDI, 도미니카 공화국 세계 민주주의 및 발전 재단
- 양국 감사원
- KDI와 도미니카 공화국 CEI가 체결한 지식공유프로그램

이 협정들이 체결되어 발생하는 실제적인 효과를 평가하는 것이 좋겠지만 그것은 이 책의 의도와 도미니카 공화국 대사관의 관할을 넘어선다.

경제적인 측면에서 2004년부터 2007년까지 한국이 도미니카 공화국에 제공한 무상지원 협력은 다음과 같이 계량화 할 수 있다.

- 400만 달러
- 150만 달러 규모의 청소년 임신 예방 사업
- 허리케인 복구 지원 자금
- 자원봉사대원 파견을 통한 기술지원
- 한국에서의 교육과 에너지 분야 인력 연수

앞서 언급한 모든 협력협정에서도 양국의 해당 기관들이 주도적으로 참여할 때에 획기적이고 실질적인 성과를 증가시킬 수 있을 것이며 공식적인 제안에 머무르지 않고 두 나라에서 의미 있는 결과를 발생시킬 수 있을 것이다. 후속조치가 따르는 계획들만이 긍정적인 성과를 거두었고 앞으로도 그렇게 될 것이다.

대통령 방한의 시작

2005년 12월 26일 도미니카 공화국 대통령궁에서는 파티가 열리고 있었다. 그곳에는 Santo Domingo 자치대학교의 합

창단이 연주를 하고 있었고 화려하게 차려입은 많은 군 장교들과 경찰 간부들 그리고 정부인사, 언론인과 가족들이 자신들의 접견 차례를 기다리고 있었다. 그날은 Fernández 대통령의 생일이었던 것이다. 그리고 모든 사람들은 국가의 지도자에게 축하의 인사를 전하기 원했다. 나에게 차례가 돌아왔을 때 대통령께서 말을 걸어 오셨다:

–"교수님께서는 내가 다음 달 한국에 가도 된다고 생각하시나요?" 나는 단호히 대답했다:
–"안됩니다. 적어도 3개월은 필요 합니다."
–"대만에 갈 생각인데 바로 그곳에서 한국으로 가고 싶소"라고 이야기 하셨다.
–"네, 하지만 한 달은 너무 짧은 시간입니다." 나는 대통령의 방문처럼 중요한 행사를 준비한다는 것이 어떤 일인지 알고 그렇게 답했다.
–"좋소 그럼 선거 끝나고 6월로 합시다."
–"그게 더 좋겠습니다." 대통령과 항상 그래왔던 것처럼 우정 어린 포옹을 하며 맞장구를 쳤다. 선거가 실시되기 전에 대통령은 영국을 방문했다. 그리고 3월경에 이미 한국대사관은 6월 말로 날짜를 정해놓고 있었다. 대만 정부에게도 좋은 시기였다. 총선이 다가왔고 아직도 도미니카 공화국 정부는 아무런 결정을 내리지 않았다. 선거가 끝나고 PLD 당은 압승을 거두었다. 국회의 절대과반수를 차지한 것이다. 일부 지방선거에 대해서 비난과 법적인 공방이 시작되었다. 며칠이 지난 5월 말 한국 방문은 2006년 6월 29일로 최종 결정되었다. 우리 대사관은 1개월의 준비기간을 남겨두고 있었다.

비록 방한일정을 촉박하게 통보받았지만 사실 필자는 한국에 부임한 첫날부터 방문 준비를 위해 일해 왔다.

한국의 대통령과 접견을 마치고 신임장을 제정했을 때 우리 대통령의 한국 방문에 대한 관심을 한국대통령과 당시 반기문 외교통상부 장관에게 전달했다. 그때부터 나는 언제가 될지는 모르지만 다가올 Fernández 대통령의 한국방문을 대비하여 준비하는데 주력했다. 언제라도 방문이 이루어질 수 있다는 생각을 갖고 일했고 실제로 방문이 실현되기 한 달 전에 통보를 받은 것이다.

대통령께서 탑승하신 비행기가 대만에서 출발하여 한국의 인천공항에 도착한 날, 나는 비행기 트랩을 오르며 엄청난 감동을 느꼈다는 것을 말하지 않을 수 없다. 의전장을 제외하곤 유일하게 기내에 들어갈 수 있었던 나는 가까이 있던 영부인께 먼저 인사를 했다. 그리고 대통령께서 한국에서 나를 보시고 이렇게 말씀하셨다: "결국 그대 꿈이 이루어졌구려" 그렇게 내 꿈은 현실이 되었던 것이다.

> 나는 외교관으로써 가장 큰 임무를 실현했다는 성취감을 느꼈다. 도미니카 공화국의 국가원수가 **40**년의 양국 외교사를 통해서 한국 땅을 밟은 최초의 대통령이 되도록 하는 임무를 달성한 것이다.

하지만 특히 만족스러웠던 것은 한국에 처음으로 온 대통령이 급속한 발전을 이룩한 나라의 사례를 직접 눈으로 확인할 수 있었다는 사실이었고 그것이 도미니카 공화국의 발전에 크게 기여하게 될 것이라는 점을 확신했다.

정상회담은 Fernández 대통령의 방한기간 동안 가장 중요한 순간 중 하나였다.

정상회담

Fernández 대통령의 방한 기간 중 가장 중요한 회의는 양국 정상회담이었다. 두 나라의 최고 지도자들은 전자정부, 기술협력, 전기 및 관광을 회의 주제로 다루었다.

삼성방문

또 하나의 중요한 일정은 도미니카 공화국 사절단이 텔레비전과 모니터의 조립공정을 시찰할 수 있었던 삼성전자 공장 시설 시찰이었다. Fernández 대통령은 삼성전자 임원들에게 고용 증대와 기술 연수를 위해 도미니카 공화국에 공장설립을 요청했다.

대전에 위치한 대덕 Innopolis 연구단지 방문에서도 대통령은 한국연구기관들의 기술 발전을 볼 수 있었고 도미니카 공화국으로 관계자들을 초청했다. 이외에도 ETRI, KAIST 방문도 마찬가지로 중요한 의미를 가진 방문이었다.

대통령과 수행 사절단은 한국 고유의 기술로 제작한 고속철도로 서울로 돌아오면서 한국의 철도 운송 기술 혁신을 확인할 수 있었다.

기업인들과의 만남

다음날인 6월 30일 금요일 한국무역협회장과의 회의에서 필자는 대통령에게 CEI-RD와 KITA가 협력협정을 체결할 수 있도록 허락해 줄 것을 요청했다.

회의를 마치고 대통령께서는 미주개발은행과 무역협회가 주최하는 조찬장으로 이동하여 기조연설을 함으로 그날의 첫 번째 연설을 행하였다. 연설 주제는 한국기업의 도미니카 공화국 투자 기회였다. 200여명의 기업인들이 참석했다. 전국경제인연합회(FKI)가 주최한 오찬 또한 150명의 기업인들과 함께 했는데 그 자리에서 한국기업인들의 투자의욕을 고취시키셨다.

국회방문

오찬이 끝나고 도미니카 공화국 사절단은 국회로 향해서 입법부의 주요 대표들과 회의를 가졌는데 이 자리에서 참석자들은 도미니카 공화국의 경제발전을 선도하신 대통령의 리더십에 경의를 표했다.

정치학 박사학위 수여

국회 방문이 끝나고 도미니카 공화국 인사들은 한국외국어대학교를 방문해서 Santo Domingo 자치대학(UASD)과 협력 협정을 체결했으며 많은 외교사절이 참석한 가운데 Fernández 대통령께서 명예 박사학위를 수여받으셨다.

대통령의 연설은 그 자리에 참석했던 청중에게 깊은 인상을 남겼다.

마지막으로 그날 저녁 Fernández 대통령은 대한민국 대통령이 주최한 국빈만찬에 참석하셨다. 답사를 마치신 후 한국의 대통령과 즐거운 대화를 함께 하셨다.

KDI 방문

Fernández 대통령은 방한 기간 중 마지막 날인 토요일은 행사를 준비하지 않도록 부탁하셨다. 하지만 필자는 그러한 요청에도 불구하고 3개 신문사와의 인터뷰 일정을 마련하였는데 대통령께서 즐거운 마음으로 일정을 소화하셨다.

첫 번째 인터뷰는 KBS 스페인어 방송의 여기자들과 가지셨다. 두 번째는 주 도미니카 공화국 한국대사님이 추천한 경제전문지와의 시간이었고, 마지막으로는 한국에서 가장 중요한 한국의 외교전문지와의 인터뷰였다.

두 번째 인터뷰가 끝나고 대통령께서는 나에게 불만을 토로하셨다- 당연한 일이었다- 그날 오전 자유시간을 더 달라고

대통령의 일정은 여유가 없었지만 아래 사진에 나타난 모습처럼 즐거운 마음으로 KBS 기자와의 인터뷰에 응하셨다.

하셨고 오후엔 떠나셔야 했던 것이다. 그리고 그만 시간이 다 되어갔다.

하지만 나는 대통령께 지난 40년 동안 한국의 발전을 전문적으로 연구한 KDI와의 회의를 준비해서 한 시간만 참석해 주실 것을 부탁드렸고 대통령께서는 나의 제안을 받아들이셨다.

KDI는 대통령을 위해 특별히 준비된 프리젠테이션을 제공했는데 그것은 필자가 사전에 강력하게 KDI에게 요청해서 KDI가 공식적으로 받아들인 결과였다.

대통령께서는 질문도 하시고 또 답변도 하셨다. 그리고 한국의 발전을 가능하게 만들었던 법적인 틀을 강조하셨다.

KDI 방문이 이루어진 후 곧 도미니카 공화국 세계민주주의 발전재단(FUNGLODE) Esther Aristy 이사장은 양국의 협력관계 수립을 위한 협정을 KDI와 체결했다. 후속조치의 일환으로 도미니카 공화국 대통령의 지시에 따라 도미니카 공화국 수출투자청장(CEI/RD)이 이듬 해 한국을 방문했다.

이를 기반으로 도미니카 공화국의 수출에 어떤 문제가 있는지 그리고 어떻게 수출을 확대할 수 있는지를 한국의 경험에 비추어 파악하기 시작했다.

마지막으로 한국의 수출입은행과 같은 은행을 우리나라에 설립하는 안이 제기되었다.

KDI의 강연이 끝나고 대통령께서는 한 시간 동안 수십 권의 책을 구입하시고 외교이론서 한 권을 필자에게 선물하셨다. 필자는 KDI 방문이 도미니카 공화국의 발전을 위해 대통령께서 한국의 경험을 이해하고 활용할 수 있도록 하는데 매우 중요했다는 점을 잘 알고 있다.

그 방문을 통해서 대한민국이 이룩한 발전을 확인할 수 있었고, 그리고 중남미 국가들이 어떻게 하면 한국의 사례를 참고할 수 있는지를 익히게 되었다.

Fernández 대통령과 수행사절단은 방문기간 동안 대한민국에서 희망의 얼굴을 발견할 수 있었다.

맺는말

숙명여자대학교와 외교통상부의 초청행사에서 화사하게 밝은 청색 옷을 입은 청년들이 필자를 맞았고 대한민국 서울의 외교단을 멋진 행사장 맨 앞줄로 안내했다.

행사는 훌륭하게 준비되어 매우 섬세한 부분까지 배려한 점이 특징이었다. 또한 우아하고 아름다운 유명한 한국 텔레비전 여자 MC가 완벽한 영어와 한국어로 행사의 분위기를 능숙하게 주도하며 따뜻한 정이 넘치는 시간을 만들었다.

검정색 옷을 멋지게 차려입은 소녀들은 예술적인 측면에서 매우 수준 높은 공연을 선사했다. 잘 알려지지 않은 시각장애인 플룻 연주자가 무대에 모습을 드러냈을 때 감동은 절정에 달했다. 그의 소리는 마법과도 같았다. 영어로 모든 연주곡을 하나씩 소개했다. 마치 천상으로부터 들려오는 플룻 소리 같았다.

'렌즈을 통해 보이는 좌절과 희망 그리고 가난'은 2008년 9월 17일 무더운 수요일 오후에 대한민국의 서울에서 열린 사진전의 주제였고 이 행사는 숙명여자대학교와 외교통상부의 후원으로 개최되었다.

아마도 가난을 겪고 극복한 사람이 과거를 회상할 때에는 부끄러움, 후회 또는 안타까움을 느끼게 되는 것이 정상적인 일일 것이다. 심지어 자신의 뿌리와 근원을 부정하고 싶을지도 모른다.

하지만 대한민국에서는 그렇지 않다.

그렇지 않다는 사실을 인정한 사람 가운데 첫 번째 만난 사람은 외교통상부 차관이었는데 그는 외교부가 한국이 현재의 발전을 이룩하기까지 느끼고 경험한 것을 잊지 않고 기억하는 일에 관심을 가지고 있다는 사실을 강조했다.

그는 이 행사가 차별성 있고 창의적인 한국 문화외교의 구상으로 출발한 '글로벌 테마와 문화'라는 사업의 일부라는 점을 언급했다. 이 사업은 사상에 대한 주제별 사진전이면서 동시에 국가 이미지로써 호소력 있고 브랜드화 할 수 있는 한국문화 표현방식의 다양성과 색채감을 보여주는 행사라고 말했다.

중요한 소통 수단으로서의 사진은 인류의 중요한 주제에 관한 성찰을 고무시키고 적절한 해결책을 발견할 수 있도록 한다.

빈곤과 기아의 퇴치는 유엔이 설정한 새천년 8대 우선 목표 가운데 하나이다.

그 행사에서 한국은 지구상에서 1인당 국민소득이 연간 100달러에도 미치지 못하는 극빈 국가 중 하나였다고 회고했다. 한국인이면 누구나 가난을 기억한다. 이번 사진전은 가난을 보여주지만 가난은 오늘날 불굴의 정신과 기상을 바탕으로 발전과 도약을 이루어낸 한국 국민들이 긍지를 갖게 해준 요인이 되었다.

주명덕 사진작가의 1960년대와 1970년대 작품들을 보면서 필자는 중남미의 많은 국가들에서는 여전히 극빈의 상황이 이어지고 있다는 것을 생각하게 되었다.

그 모습은 베네수엘라 Los Guaraguaos 그룹이 부른 유명한 노래 '판자촌(Casas de Cartón)'에 묘사된 모습과 흡사하다. Santo Domingo 어느 동네 또는 도미니카 공화국 어디에서나 볼 수 있는 충격적인 사회현실이다.

시각장애인 플룻 연주자의 음악을 들으며 필자는 그곳에 '희망의 얼굴'이 자리하고 있다는 것을 느꼈다. 지금 저 연주자처럼 자신의 재능을 살려서 일을 배우고 기능이나 예술적인 소질을 살려서 교육의 장에 참여하는 것이 아니라 신호등 밑에서나 차 뒤를 쫓아 다니며 동냥을 구하는 우리나라의 장애인들의 모습이 생각났다.

발전 목표를 달성하기 위해 한국은 민간부문뿐만 아니라 공공부문, 그리고 특히 국민의 관심을 고려하는 강력한 리더십이 필요했다. 식량의 자급자족, 수출진흥, 수입대체 그리고 신제품 생산과 서비스 아이템을 개발하는 공격적인 발전전략이 필요했다.

대한민국에서는 발전의 중심축인 교육에 큰 비중이 주어졌고 부를 창출하고 빈곤을 감소시키기 위한 일차적인 요소로써 지식 기반 경제가 육성되었다.

외교는 발전의 방향에 대하여 정확한 개념을 정립했다. 그래서 에너지원을 다양화하기 위한 에너지외교정책을 실행했다. 스포츠외교를 통해 한국은 경제 활성화의 도구로 스포츠를 활용했다. 스마트 외교를 통해서 국민의 복지를 위해 모든 기회를 놓치지 않고 사용했다.

R&D는 한국의 성공에 없어서는 안 되는 요소였다. 정부의 각 부처는 연구기관을 산하에 두고 있다. 지방자치단체와 도시들도 지식을 생산하고 발전전략을 수립하는 연구기관을 거느리고 있다. 한국에서는 즉흥적으로 진행되는 일이 거의 없다.

한국은 실용주의에 입각한 계획을 발전의 도구로 사용한다. 기관 내의 협조와 기관 간의 협조가 필수적이며, 행정정책과 법규가 국가와 정부의 필요에 의해 조정되며 원활하고 활기찬 공공행정이 장려된다.

갈수록 혁신적이고 효율적인 정보기술은 보잘 것 없고 낙후된 경제를 세계 주요 경제 대국 가운데 하나로 변모시켰다. 서비스의 시간을 단축시켜서 경쟁력을 확보하고 국민의 필요를 충족시키기 위해 최선의 노력을 기울이고 있다.

사진전을 통해 현재와 40년 전의 한국을 보고 이 책 전체에 스며있는 생각을 다시 한 번 가다듬게 되었다. 즉 발전은 매순간 이곳 아시아에서 느껴지고 만져지는 현실이다. 그리고 한국의 경험은 빈곤으로 황폐화되고 저개발에 머물렀던 나라가 번영하는 나라로 거듭나는 것이 가능하다는 것을 입증한다. 한국의 가난을 기억한다는 것은 바로 중남미 국가들의 발전에 대한 희망이 실현 가능하고 필요하며 시급한 선택 과제라는 것을 말해주는 증언이다.

지금 책을 읽고 있는 당신처럼 이 책의 독자들 가운데 일부라도 한국의 경험을 통해 마음에 감동을 받고 새로운 인식을 얻게 될 수 있는 가능성이 있다면 필자의 기쁨은 매우 커질 것이다.

이 책은 이제 여러분의 손에 남기는 영감의 샘이 될지도 모르겠다.

참고문헌과 인용자료

1. http://spanish.yonhapnews.co.kr, del 4 de julio del 2008
2. Nueva Sociedad No. 126, Julio-Agosto de 1993, pp.40-60
3 .www.koreaherald.com, feb.28, 2006
4. http://www.elnacional.com.do/article.aspx?id=37219,27 de enero del 2008
5. www.hoy.com.do, 2 de marzo del 2006
6. www.elnacional.com.do, 2 de marzo del 2006
7. Listín Diario, 4 de abril del 2008
8. http://www.topbike.at/en_index.htm
9. Hoy, 15 de julio del 2008
10. www.elnacional.com.do Cree República Dominicana tiene activos para garantizar alimenos, 12 de julio del 2008
11. Clave Digital, editorial del 10 de julio del 2008
12. El Universal, de Venezuela, 27 de junio del 2008
13. Piden Medidas Agropecuarias, www.elnacional.com.do, 12 de julio del 2008

14. Education in Korea, 2005-2006, Ministry of Education and Human Resources Development, Republic of Korea, www.moe.go.kr
15. http://www.cei-rd.gov.do/estudios_económicos/estudios_productos/perfiles/SABILA_06.pdf
16. www.hoy.com.do, 5 de junio del 2006
17. Piden Dejen de Culpar al Gobierno, www.hoy.com.do, 7 de julio del 2008
18. www.hoy.com.do, 20 de abril del 2007
19. http://www.hoy.com.do/article.aspx?id=148733 19 de abril del 2008
20. http://www.kiet.re.kr, jan-feb.2006, Vol.11, No.1
21. www.kofoti.or.kr, Marzo 2005, vol.19, No.1, página 9
22. www.police.ac.kr
23. la Revista Diplomacy, volumen XXXIV, No. 1 página 10
24. www.koreaherald.co.kr, 2 de mayo del 2007
25. Clave Digital, http://www.clavedigital.com/Portada/Artículo.asp?ID_Artículo=6156, 10 de febrero del 2005
26. http://www.clavedigital.com/Portada/Artículo.asp?ID_Artículo=8265,26 de septiembre del 2006
27. Falta de Relaciones con China Impide Inversiones en el país, Fernando Quiroz, Listín Diario, 6 de junio del 2008
28. www.diariolibre.com, 3 de junio del 2008
29. Clave Digital, 24 de noviembre del 2007
30. Clave Digital, 26 de agosto del 2007

31. Tóxicos dañan salud de la gente de Haina, www.hoy.com.do, 24 de junio del 2008
32. www.elnacional.com.do 14 de junio del 2008
33. http://es.wtaa.or.kr/ Del miércoles 25 de mayo del 2005, (www.koreatimes.co.kr)
34. www.Korea.net
35. www.thekoreatimes.co.kr
36. http://spanish.seoul.go.kr/noticias/1236087_13526.html
37. http://www.hoy.com.do/article.aspx?ID=148733, 19 de abril del 2008
38. http://www.koreatiemes.co.kr/www/news/art/2007/08/147_8983.html, Agosto, 27, 2007
39. http://world.kbs.co.kr/spanish/enter/music_words_detail.htm?No=1799
40. http://world.kbs.co.kr/spanish/news/news_detail.htm?NO=13311
41. http://spanish.seoul.go.kr/noticias/1252612_13526.html
42. www.listindiario.com, 15 de mayo del 2007
43. www.hoy.com.do, http://www.hoy.com.do/article.aspx?id=148733 19 de abril del 2008

희망의 얼굴 대한민국!

- 도미니카 공화국 외교관이 본 대한민국의 기적 -

초판 인쇄 2011년 7월 10일
초판 발행 2011년 7월 20일

저 자 ▪ Héctor Galván
옮긴이 ▪ 한 원 덕
펴낸이 ▪ 박 철
펴낸곳 ▪ 한국외국어대학교 출판부
130-791 서울특별시 동대문구 이문동 270
전화 02)2173-2495, 2496
팩스 02)2173-3363
홈페이지 http://press.hufs.ac.kr
전자우편 press@hufs.ac.kr
출판등록 ▪ 제6-6호(1969. 4. 30)
편집 · 디자인 ▪ (주)이환디앤비 02)2254-4301
인쇄 · 제본 ▪ SM C&P 02)468-6100

ISBN 978-89-7464-654-7 03340 정가 10,000원

* 잘못된 책은 교환하여 드립니다.